U0114465

海德格論存有與死亡

陳俊輝 著

臺灣學生書局 印行

對希臘而言，「太初」是一片「渾沌」；

對猶太─希伯來基督（宗）教而言，「太初」有「道」，道與神同在，道就是「神」（耶威）；

對中國道家而言，「太初」有「道」，道即萬物之奧（夷、希、微三合一者），道又稱作：大、逝、遠、反；

對德國海德格而言，「太初」則是「無」，道且聽命於「無」。

─作　者─

作 者 簡 介

陳 俊 輝

·民國四十年十二月二十五日生
·中華民國台灣省台北縣人
·國立台灣大學哲學系暨哲學研究所畢業
·國立台灣大學哲學博士 (民國八十年十二月)
·經　歷：私立淡江大學兼任講師
　　　　　國立空中大學「人生哲學」兼任執行助理
　　　　　暨面授教師
　　　　　國立台灣大學哲學系助教、講師
·現　職：國立台灣大學哲學系副教授
　　　　　私立輔仁大學哲學系兼任副教授
·著　作：
　　一、《文化·存有與秘思》(民七三年·水牛)
　　二、《基督的世界》(民七四年·圖文)
　　三、《祁克果與現代人生》(民七六年·黎明)
　　四、《西洋存有學發展史》(民七八年·唐山)
　　五、《祁克果》(民七八年·三民)
　　六、《邁向詮釋學論爭的途徑》(民七八年·唐山)
　　七、《詩情下的哲思》(民八一年·揚智)
　　八、《海德格論存有與死亡》(民八三年·學生)
　　九、《祁克果新傳》(民八三年·國立編譯館)

十、《通往存在之路》（民八三年·國立編譯館）

· 譯 述：

一、《新存有》（民六六年·水牛）

二、《永恆的現在》（再版：《對人的挑戰》）（民六八、七九年·大林）

三、《西洋思想發展史》（民七二年·水牛）

四、《印度聖典·博伽瓦譚》（篇一·部二·民七四年·香港·巴帝維丹達）

五、《西方的智慧》（民七五年·四人合譯·業強）

六、《西洋哲學史卷》（卷三·民七八年·黎明）

七、《新約聖經與神話學》（民七八年·使者）

· 編 譯：

一、《祁克果語錄》（民七六年·業強）

；再版，分Ⅰ～Ⅳ冊·民八二年·揚智）

· 編 著：

一、《新哲學概論》（民八十年·水牛）

二、《哲學的基本架構》（民八一年·水牛）

三、《中國哲學思想的古今》（民八一年·水牛）

四、《西洋哲學思想的古今》（民八一年·水牛）

五、《印度哲學思想的古今》（民八一年·水牛）

六、《人生哲學》（民八三年·揚智）

七、《公民》（民八三年·四人合著·大中國）

· 審 譯：

一、《東方民族的思維方法》（民七八年·結構群）

自 序

「死」，這個「空無」(nothingness)、或「非有」(non-being)，是一個很嚴肅的課題；關涉著你（妳）本人，也關涉著我本人。

或許，現在的你，認為早就想過了它，瞭悟了它，因為，你早先曾困擾於它；但是，現在已徹悟了它的究竟。不過，一般人可能依然對它懵懂無知，了無知覺。

或許，現在的你，説不定仍未想通過它、瞭悟過它；因為，迄今你一直猜不透它的真相，仍沉陷在掙扎的深淵。不過，很有可能已有些許高明之士，早就對它瞭如指掌，洞悉了它的玄秘。

儘管這樣，如果你是想過了，瞭悟了，筆者則很想問問：

如果你想是想通了，想是瞭悟了，是因為你曾經親眼看見別人的死，也覺察到別人有類似這樣的遭遇，雖然別人沒把他自己的遭遇暨經驗，當面告訴你或轉授給你……。畢竟，死亡經驗是可以傳授的嗎？別人的個自遭遇與個自經驗，全然和我們個自的遭遇與個自的經驗迥然不同。所以，你自承你因對他人的觀察，已經驗到了死，想通了死並瞭悟了死；這種想法，可是一種先見之明？

不然，如果你怎麼想還是想不通，怎麼悟還是測不透，雖然你確切親眼見過別人的死，也多少瞭解別人有過這類的遭遇，也雖然別人很樂意把他自己的這種觀感，衝著你來告訴你；但是，那種真正瞭解到別人的死亡遭遇與死亡經驗，可就是我們個人自

身的死亡遭遇或死亡經驗？不！絕對不是！別人的個自遭遇與個自體驗，也完全和我們個自的遭遇和個自的經驗，截然不同。所以，你不得不說，我仍然無法從對其他人的觀察，甚至無法從其他人的口中，來經驗到死、測透死並瞭悟死；這等說法，難道不是一種自知之明？

面對這種「死亡」經驗、或「空無」經驗的存在情境，誠然不是包括筆者在內任何一個人所能輕易釋懷的。但是，「事實」依舊擺在那兒！絲毫不因人類的先見之明或自知之明，而減損它的事實性（factuality）。它就「存在」那兒，在這兒；隨時在我們的周遭出現，隨時在我們個人的意識念頭中閃現。這就是人類生命的現象，是不容任何人懷疑與否認的真相。它儼然已化成我們視覺的一部份，意識的一種成分，更可說是，我們人類存在生命的構成主體。

＊　　　　　　　　＊

多少的歷史顯示，多少的哲人喟嘆，無不在呈明死亡在人類存在生命中的威力：真的，在日光之下，無論東西方，人類的死亡陰影，總不時遮掩人類存在的光輝。這一幕幕的生死爭奪戰，自開天闢地以來，即在人類蔓延之地不斷展開；殺伐之烈，真的能叫山河飲泣，草木含悲。人生如果是一齣美妙繽紛的戲景，而表演的主角，就是死亡這位大能的勇士。它製造了人生一幕幕的悲歡離合的驚心事件；儘管它也曾點綴了人生舞台，用它的苦澀與鉤刺。

人，一個人，這個有（being）與無(non-being)、是(yes)與否(no)、生(life)與死(death)的結合體，註定要在生、死的料峭之

崖，歷練他存在的毅力，攀爬他生命的無限高峰。人是生死之崖的走索著。

生死是一個人的存在定則：生之舞，我所嚮往者；死之台，我所峻拒者；捨生之舞，臥躺死之台，我極力不願也！反諷的是，說人不願死，可真的就不能死、不會死？不可能的啊！說的也是。

再者，說人拒避死，就真的能因而不死反得生？更不可能啊！說的更是。但是，像冀求後者這類的人物，環視古今，可不是沒有。就如在中國歷史上，一位曾咤叱風雲、不可一世的人物秦始皇，就為了寶貝他的生命，而多方營求靈丹妙藥暨長生不死之術；至終，這可讓他心願已達，羽化成了不朽的仙翁道人？沒有！走筆至此，筆者不願不提一老掉牙的老生常談：人生下來，隨時就有死蟄伏在他面前；死是人所無以避免的，祇是它的意義，有重於泰山，亦有輕於鴻毛。

輕於鴻毛的死，是原不該死，而輕易浪擲生命的火花之謂。詳細的說，一個人的前途非要他自己去開創，他的家庭非要他去維續，他的社會非要他去參與，他的民族國家非要他去捍護，他的人類使命非要他去擔代不可時，而他竟然玩忽所託付的重責，蹉跎上天賦與的存在生命，無意承負個人對自己、對家庭、對社會、對民族國家、對人類的頁獻；儘管一生亨通，萬事順遂，在患難絕處逢生，也不值得慶幸。這種生，人常言是一種苟且偷生；他的生命，應如一具行屍走肉、了無生機的僵物。一旦凋朽，他生命的結束，很不足惜。這種「死」，可說輕於鴻毛，亦比鴻毛還不如。

　　至於重於泰山的死，是不該死不輕易死，該死而不規避死，不恣意損耗生命的火花之謂。詳細的說，一個人的理想非要他去實現，他的家人非要他去持養，他的周遭人群非要他去幫補，他的同胞社稷非要他去衛護，他的人性任務非要他去肩負不可時，而他能義無反顧，慨然以赴，甚而捨生燃亮他的生命之燭，這種死也足以媲美生。這種死，應可說已死得其所。猶若寰宇正氣，磅礴充塞了天地，是萬有孳生不息的「生命力」。這種死，以基督教的詮釋，即如一粒落地的麥子，表象上有似已腐死，但它本體的生命，仍在滋長、轉化：它由死而復生，由虛無而轉入存在。

　　它本身必又紮根，必又成長，蛻化出另一型態的生命體；使它原有的一粒，結出了百粒，更加倍豐實它原有的生命潛力。這就是虛無的人生，所孕育出的存在真理、生命的智慧，以及永恆的光輝。

＊　　　　　　　　　　　＊

　　自十九世紀丹麥的存在思想家祁克果(S. Kierkegaard，1813～1855)以降，到本（二十）世紀的德國存有思想家海德格(Martin Heidegger，1889～1976)為止，「死亡」和一個人生命存在的內在關聯該項課題，已受到格外的重視；也無不成為當代存在哲學的主題結構(thematic structure)的核心。

　　祁克果把一個人生命的結束──死──，當作心理學探討的「對象」，視之是一個人由暫世界通向永恆界、由有限世界通向無限世界的必經之地。至於海德格，則運用存在分析(existential analysis)法，將一個人的死亡此一生命的暨存在的「現象」，當

作他存有學(ontology)的研討題材,而藉以把握一個人存在生命的總體性意義——即「存有」(Being)。這自是可見,海德格有意超越祁克果之視死亡為一心理現象的觀念,而抵入人的存有學本源,徹底為它找尋一可「論證」的有力基礎。

在海德格看來,死亡是一個人存有的面紗;揭示了死亡,相映地即呈示了一個人的存在的元始真相。為此,他思考「死亡」,將個人的「死」,納入主觀的、反省的層次,而毫不避拒「死」,不把它外推作一客觀的、外在的未來「事件」(event)。

視先知般地預知個人的有「死」此一可能性,有助於一個人作當下的存在抉擇,即抉擇一種完美的純真存在的模式,俾周延地展示自身的存有可能性之全暨存有可能性之真。這在哲學的追求上,可稱作是智慧的選擇,離完美的道德人格不遠;至於在宗教境界的體證上,可說是力求超越、企及聖善人格亦不遠的重要門徑。

一個人有生,也有死;如何善保此生,並善處此死,可非常的重要。唯多方的思考,多方的探求這一層面的真理智慧,自有裨益於我們的存在人生。諸哲學家的努力成果有助於此,而諸宗教家……等的體驗正果,亦未嘗不有助於此。我們且來端視新約聖經作者的存在體驗,是否凱切道出了「人有生,也有死」該問題的癥結所在:

△ 「罪的工價,乃是死」 (羅七:23):
△ 「罪是從一人入了世界,死又是從罪來的;於是,死就

臨到眾人,因為,眾人都犯了罪」(羅五:12);

△「律法本是叫人知罪」(羅三:20);

△「沒有律法之先,罪已經在世上。但沒有律法,罪也不算罪」(羅五:13);

△「凡沒有律法犯了罪的,也必不按律法滅亡;凡在律法以下犯了罪的,也必按律法受審判」(羅二:12);

△「沒有律法,罪是死的;我以前沒有律法是活著的,但是誡命來到,罪又活了,我就死了。因為,罪趁著機會,就藉著誡命引誘我,並且殺了我。……叫我死的,乃是罪」(羅七:8~11,13);

△「從亞當到摩西,死就作了王」(羅五:14);

△「按著定命,人人都有一死,死後且有審判」(來九:27)。

新約的作者,雖然提到了人生的真相:「人有生,也有死」此一顛撲不破的定則;但令人欣慰的是,他們也提出了「人有死,更有(來)生」的期盼與榮耀:

△「我們還軟弱的時候,基督就按所定的日期為罪人死」(羅五:6);

△「惟有基督在我們還作罪人的時候為我們死,神的愛就在此向我們顯明了」(羅五:8);

△「我們作仇敵的時候,且藉著神兒子的死,得與神和好,既已和好,就更要因他的生得救了」(羅五:10);

△「若因一人的過犯，死就因這一人作了王；何況那些受
　洪恩又蒙所賜之義的，豈不更要因耶穌基督一人在生命
　中作王麼」（羅五：17）：

△「基督照聖經所說，爲我們的罪死了，而且埋葬了，又
　照聖經所說，第三天復活了」（林前十五：3,4）

△「基督若沒有復活，你們的信便是徒然，你們仍在罪
　裡……，但基督已經從死裡復活，成了睡了之人初熟的
　果子」（林前十五：17,20）：

△「死既是因一人而來，死人復活也是因一人而來；在亞
　當裡衆人都死了，照樣，在基督裡衆人也都要復活」
　（林前十五：21～22）：

△「已死的人，是脫離了罪。我們若是與基督同死，就信
　必與他同活。因爲，知道基督既從死裡復活，就不再
　死，死也不再作他的主了。這樣，你們向罪也當看自己
　是死的，向神在基督耶穌裡，卻當看自己是活的」（羅
　六：11）：

△「亞伯拉罕所信的，是那叫死人復活、使無變爲有的
　神」（羅四：17）：

△「基督若在你們心裡，身體就因罪而死，心靈卻因義而
　活」（羅八：10）：

△「因我們想一人既替衆人死，衆人就都死了。並且，他
　替衆人死，是叫那些活著的人，不再爲自己活，乃爲替
　他的死而復活的主活」（林後五：14～15）：

△「我們沒有一個人爲自己活，也沒有一個人爲自己死。

　　我們若活著，是為主而活，若死了，是為主而死。所
　以，我們或活或死，總是主的人。因此，基督死了，又
　活了，為要作死人並活人的主」（羅十四：7～9）：

△「你所種的，若不死就不能生。……死人復活也是這
　樣，所種的是必朽壞的，復活的是不朽壞的；所種的是
　羞辱的，復活的是榮耀的；所種的是軟弱的，復活的是
　強壯的；所種的是血氣的身體，復活的是靈性的身體」

（林前十五：37、42～44）：

△「我們因為愛弟兄，就曉得是已經出死入生了。沒有愛
　心的，仍住在死中」（約壹三：14）：

△「死啊，你得勝的權勢在那裡？死啊，你的毒鈎在那
　裡？死的毒鈎就是罪；罪的權勢就是律法。感謝神，使
　我們藉著我們的主耶穌基督得勝」（林前十五：55～57）：

△「因號筒要響，死人要復活成為不朽壞的，我們必要改
　變。這必朽壞的，總要變成不朽壞的；這必死的，總要
　變成不死的，……那時經上所記：『死被得勝吞滅』的
　話就應驗了」（林前十五：52～54）：

△「所以，我們不喪膽，外體雖然毀壞，內心卻一天新似
　一天。我們這至暫至輕的苦楚，要為我們成就極重無比
　永遠的榮耀。原來，我們不是顧念所見的，乃是顧念所
　不見的。因為，所見的是暫時的，所不見的是永遠的」

（林後四：16～18）：

△「他們卻羨慕一個更美的家鄉，就是在天上的。所以，
　神被稱為他們的神，並不以為恥。因為，祂已經給他們

預備了一座城」（來十一：16）；

△「我又看見一個新天新地，因為先前的天地已經過去了，……坐寶座的說，看哪，我將一切都更新了」（啟廿一：1,5）；

△「祂又對我說，都成了。我是阿拉法，我是俄梅戛，我是初，我是終。我要將生命泉的水白白賜給那口渴的人喝。……聽見的人也該說來，口渴的人也當來。願意的都可以白白取生命的水喝」（啟廿一：6；廿二：17）。

以上的摘述，誠然可作為本書的一項「補註」；期盼它真能成為你、我反思「生」「死」該相關課題時的一種資助。

* *

本書，是筆者於民國六五～六九年，在國立台灣大學攻讀哲學研究所的碩士論文；它的內容，基本上是環繞著當代德國存有學鉅匠兼哲學詮釋學之父——馬丁·海德格（前述），之對一般所謂的「死亡」與「存有」意境逐作的存在分析。筆者認為，海德格那顆深具前瞻性、先知般的心靈，誠然已為當代的人們，燭照出一方雋永的意義世界，頗值得愛智之人的尋訪暨探幽。

最後，不得不提的是，本書的完成，特別要感謝業師前國立政治大學系系主任項博士退結；項師在筆者攻讀研究所期間，不斷悉心給予指導，誠教筆者獲益良多，畢生難忘；至於內文細部的撰擬，國立台灣大學哲學系前、後任系主任黃博士振華與鄔博士昆如，以及國立師範大學教育研究所鄭博士重信等教授，均給

予筆者不少的提示暨啟發。在此，誠願藉本書的一角，一併向以上諸位恩師，深致個人最衷心的敬意暨謝意。

陳俊輝

謹識淡水·〈本篤山麓〉

民國八十三年九月

馬丁·海德格其人其事（＊註）

　　馬丁·海德格(Martin Heidegger, 1889～1976)公認是當今德國哲學界中一位最具有原創性的思想家。就此廣泛的意義而言，他是當代存在哲學（主義）陣營內的一名領導人物，曾經深深影響具有歐洲大陸文化性格的年輕一代。海德格批判以科技掛帥的社會，甚至批判科學本身所扮演的角色。雖然他（以及他發展的哲學）並沒有保留神存在的餘地；但是，在他的心目中，「自隱的神」依然在他的思考裡扮演了一項舉足輕重的角色。

　　他並不頌揚人類（追求）的目標，不過，卻視人類全為「存有」的讚美者──這種對於「存有」的崇拜理念，可不像是對「神」的一種崇拜。為了廓清傳統哲學用語所帶來的曖昧影像，海德格自己則創造了一些形式古怪、語意又深澀的字彙。可是，在另一方面，他卻相信人類語意中一些最通俗的字眼，就像：「寓住」(to dwell)和「看見」(to see)……之類，乃可以把人類存在的基本真相表明出來。

　　海德格對人類存在的研究之成果，誠然有助於人們對更深一層的目的之探討，即探究被視作是「實在」（真實）的基本原則：「存有」（意義）。像他在一九五三年寫成的《形上學導論》（英譯本於一九五九年問世），就顯示了對這項中心論題的關切。也就是說，對下述這個問題的耿耿於懷：「為什麼有『存有者』而不是『無』？」（Why is there anything at all and not rather nothing？）。因此，在當代哲學家的行列中，海德格已然

是最具有影響力的存有論者，或者可稱作是：「存有」的守護者
了。

早年背景

　　西元一八八九年九月廿六日，海德格生於德國西南部巴登
省的默思可希（Messkirch）小鎮，是一位天主教堂司鐸的兒
子。早年的海德格，即已對宗教發生興趣；到了高中以後，他
便參加耶穌會當修習生。

　　而後，在弗萊堡大學時代，他研究天主教神學和中世紀基
督教哲學。事實上，他對哲學的興趣，早在他接觸天主教哲學
家弗朗茲·布倫他諾(Franz Brentano, 1838～1917)——一位
「描述心理學」的作者——的著作：《據亞里斯多德觀點論
『存有』的多面意義》（一八六二年）之際，即已萌芽。

　　海德格在他有生之年，即不斷思考著下述這種可能性：
「存在」（生存to be）這個動詞，在它多樣的使用性背後所藏
置的基本意義。他在早期對布倫他諾的研究，便產生了對希臘
哲學，尤其是先蘇格拉底期哲學思想的熱衷。先蘇期的哲學思
想，表徵著：在思想歧出而產生詩學、哲學和科學以前，所秉
具的一股洞見般的反省力的萌現。

　　海德格的哲學淵源，顯然，可以上溯到蘇格拉底、柏拉
圖、亞里斯多德，以及主張奧秘知識的知識主義者（按：指初
期基督教時代，曾主張神秘主義的諾斯替教徒）。然而，不論
是正面、或反面的，特別影響過他的，要算是十九世紀以及二

十世紀初期的幾位哲學家：丹麥的宗教作家兼存在神學思想家梭倫·祁克果，和秉具希臘狄奧尼索司（酒神）之性格的活力論者、或生命哲學家尼采（這兩位哲人，有人稱作是：當代存在主義思想的創始者）；素來將哲學家的注意力，引至人類科學以及歷史科學而馳名於世的歷史活力論者威翰·狄爾泰；以及現象學的開山祖師胡塞爾。

海德格在二十幾歲的時候，曾於弗萊堡大學和里克特(Heinrich Rickert, 1863～1936)一起研究過學問；之後，又在西南部的學校，鑽研康德主義的價值論。這時，他正和已經很有名氣的胡塞爾一起。五年來，他曾接受哲學家嚴密檢視直接的經驗，以及探究事物（對象）本質而採用的「現象學方法」的訓練。胡爾塞的現象學，以及胡氏特別反對以心理學侵擾對人類作本質研究的觀點──胡氏反而覺得，這類的研究，要在哲學層次上方為可行──，則決定了年輕的海德格之完成博士論文（一九一四年）的思想背景。

是以，後來海德格有關「不安」、「思考」、「遺忘」、「好奇」、「苦惱」、「掛念」，或者「畏敬」的論述，都不具有心理學意涵；至於有關「人們」、「公眾性」和「他人導向」的說法，也不意指社會學、人類學，或者政治科學的內容。勿寧可說，他的種種論述，都是要來揭明「存有」的路向（方式），或作為方法學上的概念運用。

海氏的哲學巨構：《存有與時間》

海德格自一九一五年冬季那一個學期起，便開始在弗萊

堡大學教書，由於研究十三世紀英國的聖芳濟修會哲學家鄧斯·史考特（Duns Scotus , 1266～1308)，而獲得周轉資金。海德格在這個職位上，正與胡塞爾同事；並且期於將現象學運動，以秉持其師尊的精神，能進一步的往前推進。然而，此時既已身為一名熱衷宗教的年輕人，海氏寧願自行其事，即自闢新徑，不願受到他人的左右；致使在一九二七年，便有《存有與時間》（英譯本於一九六二年出現）這部大作的出版問世。哪裡知道本書一經刊行，卻大大震撼整個的德國哲學界。由此可知，這本書的重要性，是絲毫不假的；儘管它與胡塞爾仍有某些可能的關聯。

這一本書，不愧可稱作是海德格一輩子的創作當中，最負盛名的一部巨構。雖然它文體的結構形式，很難受到一般學子的青睞與理解；但是，它在學術上的價值與地位，卻不亞於當時正雷厲風行的「現象學」。無怪乎，有些德語系國家和拉丁語系國家的學者，會一致公推這部創作，即是一部既艱深、又深具份量的力作。

它曾濃烈影響法國的沙特(Jean-Paul Sartre, 1905～1980)和其他的存在主義者。儘管海氏本人不斷的抗議，基於這本書的長處，他仍然被（沙特）列為無神論存在主義者的領導靈魂。然而，就在英語系的世界裡，海德格之被接受的程度，卻頗為淒涼；就在一九六〇年代以前，他的影響力，幾乎可說微乎其微。而，自六〇年代以後，則有愈來愈多的大學，提供有關海德格（思想）的討論課程；一些謹慎的譯本和評論，亦如雨後春筍般地相繼出現。一直到一九七〇年代，他這本書的影

響力，則已大為深遠；不過，仍舊是難有其鼓動之力。

在《存有與時間》一書中，海德格揭示的目標是：揭開一個人存在（生存to be）的意義；或更明確的說，要呈示一個人存在的方式(how)。這則產生了一項更為基始性的問題，即探問：「什麼是存有意義？」這是什麼意思？這些問題，一概是隱藏在日常生活的顯然性背後；因而，也可說是隱匿在有關自然科學諸經驗問題背後的一些「問題」。

山於在日常生活當中，這些問題和我們是狎近得易於把握，然而卻多被我們不注意地忽視過去、或遺忘淨盡。有的人，或許會說：海德格所秉有的，幾乎是先知般的整個使命；也等於要使盡最大參與之可能的每一個人，去探問這一項問題。姑且不論他是否行將獲得一個明確的答案，在當前人類危機四伏的重要時刻裡，人們委實有必要去重視他鍥而不捨的努力，以及其提供時人警世木鐸般的針砭之語。

當前人類危機，據海德格的自述，係肇自西方思想刻正經受的一種殞落(falling) 情況。這種情況的實質是：狂奔急馳於單面向的科技發展。由於強調尚能、力勢的科技發展，終而，便導致人與人之間諸人際關係的疏離(alienation)。如果能以更毗近海德格中心思想的用語來表達，就是：「一種高度不純真的存有方式」。

「殞（墮）落」與（或）「不純真性」，乃隸屬於人類存在所無法逃避的生活方式。這也就是說，它是一種存在的、本質的可能性(potentiality)；諸世代的人們與獨自的個人，多多少少都受到它不同程度的感染。畢竟，這項外觀的嚴峻情況，

多少也已減緩了下來；就像海德格在後期的作品中，即暗示出：經由「思考存有」，人類仍然有（被）救贖的可能。他相信，人們再度趨近「存有」——，即在這過程當中，歐洲大陸（而非東方國家）如果能循行此徑，始是它由剝而復之道。

以上，已討論在《存有與時間》當中所蘊含的豐碩觀念。其後，有關此書諸理念的發展之著作是一九二九年出版的：《形上學是什麼？》（英譯本在一九四九年問世）。在海氏出版《存有與時間》之際，他已擔任馬堡大學數年的哲學教授（自一九二三年起）。一九二八年，他辭去了該教職，返回到弗萊堡；此時，正承繼胡塞爾留下的遺缺。《形上學是什麼？》是海德格就任新職的一篇演構；它巧心構作了他所喜愛的一個主題——「無」（nothing）。

海德格從胡塞爾學習到的是：揭開人類存有方式的，即是靠現象學的、而非科學的方法。因此，一味追求這種「方法」的海德格，遂唾棄會將主、客體關係作斷然二分的觀點。

這種二分法的觀點，係襲自傳統（西洋）對於「人類」的看法：作為能知者(knower)的個人，是處在一個與他相對立的環境中的其樣東西（某物）；因而，這項對峙關係，畢竟必得予以超越不可。而，作為一種方法學的現象學，卻衍生出一項最深刻的認知：對「現象」（phainesthai：希臘文之意為：自顯，或：呈現在光之中）該字眼的詮釋。某一件東西它在光中，即正是呈現「在那兒」(there)之意。是以，主體與客體之間的差異，並不是直接的，而是透過思想中的概念化才顯示出來，這有如是在科學中所發生的一般。

　　為了努力回到對「存有」的思考，從而以獲致（被）救贖的可能，海德格便運用語言學的，或叫做：詮釋學的技巧。他展用了專屬自己的德語、自己的希臘語、自己的語源學。比如，他即發明了一百個左右的複合字；每個字的字尾，均帶有「存有者」(-being)這個特殊字眼。因此，讀起他的著作，非得要把許多重要的關鍵字，迻譯成他慣用的語意（脈絡）不可，以便瞭解他用語的奇突性與獨特性，以及在他思想背後的心態。

　　海德格在《存有與時間》中曾說過：人是從事物當中站立出來〔不祇是存 - 在(ex-ists)，而是出 - 在(ex-sists)〕的人；人絕不會被事物完全地吸收。可是，他卻又說，除了事物以外，空無(nothing)而且了無一物(no-thing)。人即是寓住在一個業已、而又繼續被拋進，且一直到死為止的世界裡。作為被拋入於事物中、而「在彼存在」(being-there；Da-sein)的存有者──人，他就是墮落(Verfall；falling)的人，是陷溺在事物當中的人。

　　這個人一生所能作的，祇是不斷的設計（或作：對 - 拋Ent - wurf；Pro-ject)自己的未來；不過，週而復始，甚或常而復始，他卻已被事物所吞沒──在（短暫）時間中被吞沒。是以，他已經不成為自己，而成為「無人」(nobody)。這種不成為自己，而成為「無人」的結構，海德格稱之為：「人們」(the they；das Man)。

　　海德格的這種「無人暨人們」的見解，是可與英、美某些社會學家，之批判當代社會強調人們多為「他人導向」的觀點

相互輝映。祇是，海德格的現象學譬喻，為了支持他的存有學的用詞，而儘可能規避開社會科學諸語彙的意含。「人們」，它在存有學上的特徵是：閒談(idle talk)與好奇(curiosity)。在一般的「閒談」中，談話者與聆聽者並不站在真正的個人關係上，或立於有直接的切膚關係上，以諦聽所言談的內容；因而，可説它膚淺，而又言不及義。「好奇」，祇會叫人分心勞神；一味的求「新」、一味的逐「異」，在根本上，即缺乏真正的關心、或由驚訝而衍生的關懷之情。

畢竟，不安、或焦慮(Angst；anxiety)的「心境」，當能產生揭明（去-蔽；dis-close)純真存有的功用。在海德格而言，純真存有的揭明，又可叫做：自由(freedom；德文作：Frei-sein)，即本身是作為一種「可能性」的「自由」。「心境」，即能顯示個人具有選擇自我、並把握自我的自由。而，與「心境」有所關聯的「時間（性）」、或：人類存在的有限性，在「存在即時間」這層意義上，則可（被）當成一種睹見他自己的死的自由來體證，以及準備和他自己的死生發持續的關聯來理解。

海德格又説，在「不安」之中，一切的存有者(entites；Seiendes)，都將淪沒在一種「空無與無處（或：離據）」的境域中。陷身此間的人，有如是靈魂出竅，而在自我裡徬徨無主；他也猶如一個無家可歸的浪人一般。因為，他所面對的，沒有別的，而是「無」(no-thing-ness；das Nichts)本身。一切日常的、又熟悉的顯然之物，頓時已銷形匿跡；又此際，也誠如海氏所言，即是：他，已當下唔見了一個純真存有的可能

性。

由而,「素樸的」不安和在不安中的「面對死」,這對海德格而言,乃是方法學上所謂重要的兩著棋;因為,它揭露了人存在的基始性的真相。在所呈顯的結構中,浮現的是心境主動呈現的愉悅的可能性(有如:有謂…洞知怡悅,乃通抵永恆之門!)。

雖然,不安使人向「存有」開啟自己,但是,這並不暗含「存有」參涉了憂慮的黑暗面;反而,「存有」拌生著「光」與「怡悅」。存有「召喚著調向之聲」;「思考存有」即可安抵人類真正的家園。雖然海德格的學生,常因存有和思考究竟代表了什麼而困惑不已,但顯而易見的是,海德格反對對人類的崇拜,而期盼對「更偉大之物」的關懷與注意。

後期生活

一九三〇年代,在海德格的思想中發生了一樣事件,學者稱作是:他的思想轉捩點——「轉向」(turning around)。有些專家說:他是從《存有與時間》一書中所關心的問題轉離了開來。不過,海德格本人對此卻嚴加否認;反而堅稱:他自年輕以來,便一直在探問這相同的基本問題。然而,他在往後的數年裡,顯然是更吝於提供任何的解答。他甚至不指出,有哪一途徑才可通抵《存有與時間》之基本問題的真正解答。

就在「轉向」的這個時期裡,曾發生海德格短暫、又英勇地服膺納粹,並且參加第三德國的文化政策的事件。顯然,這

一事實已成為人們議論紛云的題材。就在希特勒於一九三三年十一月攬權之前，德國的各大學則遭受了空前重大的壓力：要求他們支持「民族革命」，並且清除猶太學者和一干人的學說理論（諸如：相對論）。有一位曾經是弗萊堡大學的校長，這位反納粹的科學家，最後在抗議中被迫辭職。旋而，學校的教師，便一致公推海德格出來繼承。

　　海德格在就職演說中，曾公開表明他對納粹主義的認同。一般人都相信，他曾經把學生群區分成工作部門、軍事部門和科學部門。不過，這仍然落入柏拉圖那深具權威的教育政策的領域裡。他的這篇演講，並不以「希特勒！萬歲！」作結尾；而是引用柏拉圖的《共和國》(Republic)裡面的一句語：「所有偉大的事物，危在旦夕！」以作為結束。這篇演講，轉而在對科學的專門化作無情的攻擊。它更促使人們去探問「存在究竟是什麼？」這一個問題；並且警告人們，有迷失在「存有者」（事物），即與「存有」相反之事物當中的可能。

　　然而，在其它的場合裡，海德格卻發表堅定支持希特勒的演講。「領袖本身，」他說：「而且單單只有他，就是現在和未來德國的實體；以及也是它的法律。」簡而言之，海德格已屈從於希特勒主義，而非納綷的文化政策、或哲學。

　　據悉，海德格在某些的壓力下，曾加入納粹黨；他也未設法脫離。然而，到了後來，他和該黨以及整個納粹環境的關係，卻迅速地惡化。早在一九三四年初，他即辭去了大學校長之職。第二次世界大戰之後，海德格則把希特勒主義貞定作：「整個人類疾病組織的歷史總爆炸」；並且，還關切地表示：

人們總得花上好一陣子的時間，才容易清除這些餘毒。

　　一九四四年十一月，海德格停止了大學的講授課程；在一九四五年，當局則禁止他再度從事政務性的講演。他遭受了「調查」。畢竟，海德格在一九三三至三四年間之對希特勒的支持，未被視為是有多大的嚴重性；即懷有「主動性」的一種。這時，他並沒有失去作為教授的權利。

　　然而，就在到達退休年齡（一九五九年）以前，他的身份與地位，卻依舊眾說紛云。儘管有這項傳言，在一九五一到五八年這些年間，他仍然在作一些影響力不小的正常性講演。就是在一九三三至三四年間，他的態度，也並未影響他在國際現象學運動中的主導地位。

　　這或許可說，海德格的現象學方法的特殊偽裝，係繫於一種浮誇的幻覺。或許對「思考存有」的追求，僅可說是一種對相信「神」之虛偽的追尋；或許他那種深奧的專門術語，祇是掩蓋和混淆傳統手法的一個面具。有關這一類大不敬謔的評價，如果道道地地尾隨他的作品之步調，必定是不受海德格本人的同情。

　　畢竟，仍可提說的是：他祇要求我們奮力去「詰問」(to question)，而不要諦聽一些什麼答案。因而，若視海德格的哲學，祇是一套顯然可以一目了然的答案，那可就弄錯了。他的譬喻，必須依舊有所保留，切不可翻譯成他一再拒斥的庸凡的哲學術語。

　　海德格在晚年，寧願住在黑森林中的一個隱居處所；在他殘留的歲月裡，鮮少有後繼之人，努力去思考「存有」。一九

七六年五月廿六日，海德格不幸死於這座他誕生的小鎮。

＊註：本文取材自一九七八年版《大英百科全書》(Encyclo-
pedia Britanica, 1978)第八部之相關條目。

、

海德格論存有與死亡

目　錄

導 論

　　本文緣起自一般人的生死觀，而特別以其中最凸顯、似乎也最「荒謬」的「死」(der Tod；Death)這個題材(das Thema；Theme)①為探討之起點；進而，闡述海德格②對此一現象所應用的「存在分析」(die existeziale Analytik；the existential analysis)，用以試論所謂的「存有價值觀」（筆者所杜撰），是否有可能成立的問題。

　　廿世紀初葉，德國的歷史學家奧斯華·史賓格勒(Oswald Spengler，1880～1936)就曾經說過：「『死亡』，是每一個誕生在光線之中的人的共同命運；………在對『死亡』的認知中，乃產生了一種文化的世界景觀；由於我們具有這種景觀，便使我們成為人類，而有別於野獸。」③；又說：「所有（人類）高級的思想，正是起源於對『死亡』所作的沉思、冥索；每一種宗教、每一種科學與每一種哲學，都是從此處出發的。」④

　　筆者要問，實際上，「死亡」難道真是如同史賓格勒所斷言的，是那麼緊扣著人類的思想與文化？那麼沁襲著人類的宗教與歷史？那麼影響著人類的科學與人生？那麼左右著人類的哲學與知識？「死亡」可真的是那樣具有震懾人心、鼓動「人性」的魅惑力？難道身為「萬物之靈」的人類的活動：求真（科學、知識）、求善（倫理、道德）、求美（藝術、價值）、求聖（宗教、境界）之諸人性層面的表現，非要有意或無意、直接或間接地對「死亡」那種深邃的奧秘，逐作無窮無盡的冥思和探索，才

有它存在的意義與價值不成？

　　諸如這類的論調，都是見仁見智、莫衷一是的；筆者認為，每個人唯有透過他自己存在的體證，才可以對它下「肯定」、或「否定」的判斷。而，觀點相當雷同於史賓格勒的史馬特（Ninian Smart，二十世紀），也有這樣的論調：對「死亡」的沉思冥索，可教我們出於今昔模樣的不定感所產生的內在衝擊，更為激盪不已⑤。祇是，筆者深刻的體驗，是：「死亡」的真相，如果還沒被人揭開以前，它仍然要在人類短暫的有生之年執掌著一切。然而，就在行文之間，筆者可不表示贊同沙特(Jean-Paul Sartre， 1905～1980)⑥譏評海德格已完全把「人整個的一生，安置在死亡的統轄之下」⑦那樣的見解。⑧

　　的確，「死亡」的「現象」，不僅會使人產生焦慮(die Angst；anxiety)，而且也能使人激起「生之眩暈」⑨。深受海德格思想影響的新教神學巨子之一──保羅·田立克（梯立希Paul Tillich，1886～1965），就懷有這種相同的存在感受：「我們眾人，都是站在對生的眩惑與死的焦慮之間，而往往，卻是佇立在對生的焦慮並死的蠱惑之間。」⑩。筆者不禁要問：這難道不是一股令人窒息的感受嗎？

　　雖然，「死亡」宛若深裹著一層面紗，「看」來是那麼的玄秘莫常，那麼的令人眩惑不已；「人們」⑪卻還是很想一探其究竟呢！於是，一般所謂的醫學界、或心理學界，就有了對「死亡」層出不窮的鑽討與研究。

　　它們歸納出來最為通俗的見解是：「死亡，是生物、或生理的一種過程，會侵襲一切有生命的物體，並且就在生命的休止時

來臨。當一切生命的活動，有如：生長、滋養、繁衍等全部停止之時，死亡就出現………」⑫。就這一點，如果有人有意慎察細究，他必定會發現，像這種對「死亡」所作的客觀的描述，不免是有點籠統了些。因而，特就人類本身的死亡而論，即有所謂傳統醫學的「臨床死亡觀」之出現：對「死亡」的傳統定義，係以人的心跳（和周身的脈搏），以及呼吸——連帶四肢、嘴唇一併呈現蒼白——的停止為基準⑬。

可是，最近的醫學界，則漸已普遍接受下述這樣的論點：端視人的「腦死」，才算是作為一個人「真正的死亡」之定準。

筆者認為：不管科（醫）學界的人士，是否已對「死亡」現象作過了頗為完美的探究與定義，或者業已完成了多麼客觀的評述與論定，「死亡」這個題材，仍然還會不斷地影響著我們每個人的生命觀；甚至，影響我們對於哲學問題的思索。像海德格，他就深深體會了這一點，而一味強調：真正存在的個人，極有必要、而且應該對「死亡」這一題材加以重新評定，以及提供適當的詮釋與闡明⑭。

就人類之生與死，尤其，對於每一個「個人」的存在意義來說，我們人類之「有此生，有此死」，難道真的如同沙特所說：「是一件荒謬(absurd)的事」⑮；或者如同卡繆(Albert Camus，1913～1960)，他在《異鄉人》(L'Etranger)一書中劈頭所指出的：「既生，為何要死？」即是極盡諷刺人生的一椿大事⑯？還是值得釋迦牟尼(Siddhartha Gautama Buddha，ca.563～ca.483B.C.)——他因觀照芸芸眾生無以卻避生、老、病、死之個人的危機(personal crisis)，而大發慈悲心——以看破紅塵、了卻生

「死」之心願，借剃度為僧去普化眾生⑰，而認為藉它才可以解除人世間這般極端的「荒謬」？

我們假使可以這麼說：東方的這位佛教鼻祖——釋迦牟尼，的的確確感悟出了生與死，乃是人生的一大劫數；而，這個「大劫數」，大概也就是由於所謂的人類「存在暨荒謬」的緣故了。又，他的出家的動機，恐怕就是：對於「死」的體覺，可不亞於對「生」的大澈大悟的一項迴應吧！再者，實情果真是如此的話，那麼，生與死彼此的關係，對釋迦牟尼來說，想必就是：「生」也是可以由「死」來證得，而「死」，就這個意義而言，也就具有它的「存在」意義了⑱——這難道不是關涉著我們人類的命數的一種寫照⑲？

溯自西方傳統的哲學，從蘇格拉底(Socrates，469～399B.C.)，到伊彼鳩魯(Epicurus，341～270B.C.)⑳，以及司多噶學派(Stoicism，300B.C.～180A.D.)㉑以來，這些哲學界的巨人，每把「死亡」視作是人類肉身之外的一種「事件」(event)，而且亟想把它加之於人們身上的恐懼予以袪除。到了基督（宗）教的崛起，才倚藉信靠神的救贖，以無畏死亡、敢於面對死亡，並克勝死亡的恐怖之姿態，扭轉了這個趨勢㉒。其間，有如：保羅(St. Paul, ca. 15～67)㉓、奧古斯丁(St. Augustine, 354～430)㉔，以及一些基督徒的思想家，便企圖用神學暨哲學的方式，教人免於對「死亡」與「罪」的恐懼。

平心而論，這就某一意義來說，委實是有它一定的貢獻。然而，歲月悠悠，曾幾何時，「死亡」這可怕的陰影，不知不覺又侵襲西方整個的基督徒思想傳統；尤其，自從十五世紀初到十八

世紀首半葉之間，要算特別的濃烈。就是在十九世紀期間，「死亡」也成了文學及哲學探討的主題之一，像：叔本華(Arthur Schopenhauer, 1788～1860) 的 悲 觀 主 義 ㉕， 祁 克 果(S. Kierkegaard, 1813～1855)的存在思想㉖，以及尼采(Friedrich W. Nietzsche, 1844～1900)的超人哲學㉗等，全都被「死亡」的威力所感染。

　　「哲學，就是要學死」（柏拉圖語）㉘；「沒有死亡，人類就不會作哲學思索」（叔本華語）；「死亡，是哲學（直接或間接）的來源」（薩夫斯坦語）㉙………等。儘管有如許多人倡言，哲學思考脫離不了「死亡」，「死亡」思想是哲學的主要課題之一；那麼，筆者在此不得不要發問：什麼是「哲學」？什麼是「哲學思考」？………。

　　就「哲學」的本義而言，海德格本人就有他自己獨特的見解。像他在所寫的《什麼是哲學？》(Was ist das -die Philosophie？Pfullingen，1956)這本書中，就說道：我們一旦論到所謂的「哲學是什麼」之時，這也就是在提說著「希臘」。因為，「哲學」這個詞，希臘文的意思是：「道（路）」(Weg；way；road)。這個「道」，已經向我們人人自由的開展，是我們每個人一向所熟悉、又沿上奔行的「路」；祇是，究極地說，我們每個人並不真正明瞭這個「道（路）」的究竟義蘊㉚。………

　　又說：「哲學」並不是導向對它本身的一項認識，即導向於「哲學的哲學」之論究㉛；而是：「哲學」本身，原就是一項回應(ent-sprechen；respond)──即回應出「存有者的存有」(das Sein des Seienden；the Being of beings)的呼聲（或：訴求之聲

die Stimme des Zuspruchs ; the sound of asking)㉜。

　　至於什麼是「存有者的存有」？海氏在「哲學的終結及思想的任務」(The End of Philosophy and the Task of Thinking)㉝一文裡，也略有釋明。這也就是說，他端視「存有者的存有」即是哲學所要處理的；因為，它關涉到我們每個人本身，觸動著我們每個人，而且，的的確確是在我們每個人的本質之中，觸動著我們自己㉞。

　　為了進一層表明「存有者的存有」之與我們切身的「關係」，海氏又說：「………哲學就是形上學；而形上學，即是思考存有者全體（世界、人、神），並且以對『存有』(Sein ; Being)的關係，去思考存有者全體。這也就是說，要以存有者與『存有』彼此相屬的關係，去作思考………」㉟。於是，我們由此略略可以得知：所謂的「哲學」（以海氏所理解的來說），就是在回應出存有者之「存有」這種回應的方式下，而成為「哲學」的㊱。這裡的「回應」，意思是：被來自存有者之「存有」的事物所調喚和調向㊲。

　　因此，一旦有人問起了有關「哲學是什麼？」這個問題之時，以海氏的看法，便是：我們每個人必須透過自己（存在）的思維，而在回應哲學所回應的——即回應存有者的「存有」的「交談」——關係中，才可以使這個「問題」獲得圓滿的解答。

　　「哲學」既然是「回應出存有者之『存有』」，身為與「存有」有著彼此相隸相屬之關係的存有者——即你、我、他這個單獨的暨具體的「個人」，又稱：「此有」(Dasein ; being - there or there - being)㊳——；因而，可以說，就是提出「哲學是什

麼？」而有關於「存有」之問題的一個發問者兼被問者了㊴。
「此有」為了要瞭解「存有」而探討「存有」這一個課題，單單
就此而言，他因而也就是在探求「存有的意義」(Sinn des
Seins；the meaning of Being)這個題材㊵。

　　然而，「此有」既然作為問題的發問者兼被問者，他若想要
理解「存有」的「意義」，他就必須歸向自己，即透過自己以對
自己作「理解」不可。「此有」之能夠適當地理解自我的唯一方
式，以海氏的看法，便是：要對存在的「此有」作「存在分析」
──稱作：「此有分析」(Daseinsanalyse；the analysis of the be-
ing‐there)。

　　在《存有與時間》(Sein und Zeit,1927)這本書裡，海氏便對
「存在分析」這一詞，提出了很清楚的說明。他視「人的存在」
(the human existence)──即「此有」的存在──是一種「可能
性」(die Möglichkeit；possibility)；而且也把「存在分析」理解
成現象學的─存有學的(die Phänomenologische‐Ontologische；
Phenomenological‐Ontological)存在分析。藉此，以分析人存
在的「可能性」，並企圖就「真理的揭示性」(the unveiling of
truth)，以理解「此有」的「存有」；俾使「此有」的「存
有」，能如其最純真、又最原始的結構出示自己，而不被蒙蔽地
來理解㊶。

　　「存在」既然是「可能性」，那麼，在這「可能性」中，海
氏指出：作為生命現象之一的「死亡」，也當是一種「可能性」
㊷。換句話說，「死亡」也就是「此有」的「存在性徵」之一
㊸。出而，因有「死亡」以作為「此有」的存在的可能性，即一

種存在性徵，海氏便指稱：「此有」即是一個「向著死亡（結束）的存有」。

如此，「此有」為了要把握（自己的）「存有」，同時也要來理解「存有意義」，他就必須把「死亡」納入理解自己的「存有」畛域裡，亦即視它為「此有」的基本結構——「在世存有」(In-der-Welt-Sein；Being-in-the-world)⑭——中的存在現象⑮，而一併作存有學的存在分析不可。

海氏認為，一旦對「此有」作存在的分析，尤其是，能夠對「此有」的「死」這個可能性作存在的分析；那麼，人所把握到的「存有（意義）」，才會以「此有」的全體性(die Ganzheit；totality)之姿態，向「此有」本身作完全的顯明暨揭露。而，這便是海氏何以要把「存在分析」，運用在「死亡」這個現象上所想要達到的目的。

筆者有鑑於此，才生發了興趣，並想一探海氏到底是怎樣運用「存在分析」這個方法，以分析「死亡」現象；從而，以達到他想要獲得的「存有（意義）」的究竟義理。

話又說回，就方法學(die Methodologie；Methodology)而論，毋庸諱言，海氏所提出的「存在分析」，卻是有它獨到的一面。誠如他本人所說的：他對「死亡」所作的「存在分析」，這種「方法」，絕不是傳統哲學〔乃把「死亡」，當成哲學中所謂手前性的探討對象(der Gegenstand；object)〕，或其它的醫學（如前已述）、人類學、生理學、生物學，甚至生命科學所採取的客觀探究法，而是一種本身並非衍自經驗事實的假設⑯之「存在的暨存有學的」方法；或者可稱之為：基本存有學；或：現象

學暨存有學;或:詮釋學（請參考「本論」之二）。

海氏自認為，他使用的這種「存在分析」法，若運用於對「死亡」現象所作的「存在性」之詮釋，當可說是:在方法學上，即優先於任何的生物學、或（傳統）任何的存有學之對「生命」現象所作的解釋。在海氏看來，他的這種詮譯學（如就存有學而言），便是衍生自經驗事實諸假設的預設「基礎」。

自此，我們應可得知:海氏之提出要對「死亡」逕作「存在分析」，它的目的之一，便是要替傳統（西方）的歷史學、人種學，或民族學等科學所應用的表象思想⑰，之對「死亡」所作的經驗的、科學的、理論的、範疇的，以及手前性的⑱解釋，奠定一個「最原始的根基」⑲。

有了以上概括的認識之後，筆者在此乃要特別的指出，拙文擬採取的著眼點，約略有三:即從存有課題、存在分析與「存有價值」這三個角度，以探討海氏如何將「存在分析」，運用在對「死亡」的詮釋上;從而，以指出「存有意義」的底蘊。

換句話說，就先後秩序而言，筆者想要闡明:海氏先是如何設立「存有」的課題，同時也批判（西洋）傳統的存有學之非（「本論」之一）。然後，詮明他對「基本存有學」⑳的建立過程——亦即建立一種以「存在分析」為內容的方法學，或稱:現象學暨存有學;或稱:詮釋學（「本論」之二），或稱:「存有學之區分」原則（「本論」之三）。而後，又以這種的「方法學」，去分析「此有」，以及詮析「此有」的存在性徵之一——「死亡」（「本論」之三）。最後，才闡明海氏對「死亡」的存在分析所建構的「死亡存有學」之究竟。從而，據以討論:海氏

一心企想替西方傳統存有學（即：形上學）奠定一個「基礎」——即他自述的「存有學」，到底是否已透顯出「存有價值觀」的「可能性」？（「本論」之四）

綜攝的說，拙文的著眼點雖然有三，而它一貫的精神卻是一：即由「此有」（存在）分析「存有」，認為所把握到的「存有」意義，原就是「存有價值」本身。

茲再詳細分述拙文（「本論」）的主要架構如下：

一、首先依循海氏的心態所展現的觀點，亦即從他對西洋傳統存有學的總批判開始（消極意義的「破」）；進而，以探討他對「基本課題」的設定（積極意義的「立」）；

二、舖敍海氏探討「存有」題材所應用的方法，之與胡塞爾現象學方法的差異，以及凸顯海氏的「方法」的特色；

三、詳論海氏對「此有」，以及完成「此有」之存在意義的「死亡」的存在分析；

四、綜論海氏先對「存有」題材的設定，然後運用「存在分析」（即：詮釋學）去分析「死亡」；從而研討：「存有價值觀」是否有可能在他的「基本存有學」的基礎上加以奠定？

附　註

① 參閱布魯格編著·項退結編譯：西洋哲學辭典（台北，國立編譯館暨先知出版社，民國65年），頁415～416。

② 馬丁·海德格(Martin Heidegger，1889～1976)，當代德國最具原創性的哲學思想家；早年鑽研神學，爾後改攻哲學；思想深澀，性喜拆字造字，影響後來存在思想界至鉅。

③ 史賓格勒著·陳曉林譯：西方的沒落（台北，華新出版有限公司，民國64年，二版），頁305。

④ 同上，頁113。

⑤ Ninian Smart，The Anatomy of Death (Boston：The Seventh International Conference on the Unity of the Sciences，1978)，p.1.

⑥ 沙特(Jean-Paul Sartre，1905～1908)，法國文壇上的風雲人物之一。1924～1928 年，研習哲學；1933～1934 年，赴德國研究胡塞爾 (Edmund Husserl, 1859～1938) 和海德格的哲學，喜談空無 (nothing；néant)，思想消極、左傾。

⑦ Alfred Stern, Sartre-His Philosophy and Psychoanalysis (New York：The Liberal Arts Press，1953), p.139.

⑧ 參閱保羅·田立克著，陳俊輝譯：新存有（台北，水牛出版社，民國66年，初版），頁1～2。

⑨ Ninian Smart，op. cit., p.12.

⑩ 保羅·田立克著，陳俊輝譯：前揭書，頁79。

⑪ M. Heidegger, Sein und Zeit (Tübingen：Max Niemeyer Verlag，1927 & 1963)，p.252.

⑫ 布魯格編著·項退結編譯：前揭書，頁111。

⑬ Helen H. Benton，The New Encyclopedia Britannica, V.14 (New York：Encyclopedia Britannica, Inc., 1978), p.527.

⑭ M. Heidegger, op. cit., p.237.

⑮ Alfred Stern, op. cit., p.144.

⑯ Albert Camus，The Outsider (trans. by Stuart Gilbert：Great

Britain：Hamish Hamilton, 1946)，p.13.

⑰ Adrienne Koch, Philosophy for a Time of Crisis (New York：E. P. Dutton & Co. Inc., 1959)，p.17.

⑱ Corliss Lamont, The Philosophy of Humanism (New York：Frederick Ungar Philosophy Co., 1965), p.103.

⑲ N. Berdyaev, The Destiny of Man (New York & Evanston：Harper Torchbooks, 1960), pp.140 & 249；另參牟宗三：「我的存在的感受」，轉引唐君毅‧牟宗三‧李達生等編著：存在主義與人生問題（香港，大學生活社，1971，初版），頁189〜190.

⑳ A. Stern, op.cit., p.135；這一派主張：我祇要一息尚存，「死」對我而言，就不存在；而且，死一旦出現，我即已不存在於世。

㉑ Ben-Ami Scharfstein, Death as a Source (Boston：The Seventh International Conference on the Unity of the Sciences, 1978), p.1；按：薩教授現正任教於以色列的特拉維夫大學哲學系。

㉒ Alfred Stern, op.cit.,p.135.

㉓ 聖經‧新約：羅馬書五〜六章；哥林多前書十‧五章，以及帖撒羅尼迦前書四章。

㉔ St. Augustine, City of God (trans. by Gerald G. Walsh & edited by Etienne Gilson；New York ：A Division of Double Day & Company Inc., 1958), pp.269〜180.

㉕ A. Stern, op. cit., pp.135〜136.

㉖ Ibid.,p.136；另參閱S. Kierkegaard, The Sickness unto Death (trans. by Walter Lowrie ；Princeton：Princeton University Press, 1941), pp.142〜262.

㉗ A.Sern：op. cit., p.136.

㉘ 謝順道：我對存在主義之批判（台中，真耶穌教會台灣總會，1976，初版），頁78；另參閱N. Berdyaev, op.cit., p.250.

㉙ Ben-Ami Scharfstein, op.cit., p.14.

㉚ M. Heidegger：Was ist das-die Philosophie？(trans. by W. Kluback and Jean T. Wilde; New York ：Noble Offset Printers ,Inc., 1958),p.29.

㉛　Ibid., pp.39～41.

㉜　Ibid., pp.70～77.

㉝　M. Heidegger, "The End of Philosophy and the Task of Thinking", in On Time and Being (New York：Harper & Row, 1972).

㉞　海德格著·岑溢成譯：哲學是什麼？（台北，「哲學與文化」月刊，第十九期，1976），頁35。

㉟　同註㉝，pp.55～56.

㊱　M. Heidegger, Was ist das-die Philosophie？pp.69～75.

㊲　同註㉞，頁41.

㊳　M. Heidegger, Sein und Zeit, p.7："Diesses Seiende, das wir selbst je sind und das unter anderem die Seinsmöglichkeit des Fragens hat, fassen wir lerminslogisch als Dasein."

㊴　A. Robert Capponigri，Philosophy from the Age of Positivism to the Age of Analysis (London：University of Notre Dame Press, 1971), p.256.

㊵　Otto Samuel, A Critical Analysis of Nicolai Hartmann (New York：Philosophical Library, 1953),p.35.

㊶　Ibid., pp.264 & 267.

㊷　M. Heidegger, Sein und Zeit, p.250："Der Tod ist die Möglichkeit der schlechthinnigen Daseinsunmöglichkeit."

㊸　Ibid., p.247：另參項退結手稿：對西洋哲學作全面批判的海德格（台北，民國六十八年），頁8。海德格認為：由「存在性」此一角度，以作為分析「此有」的出發點，它所獲得的「此有」的特徵，就叫做「存在性徵」(Existentialia)。

㊹　M. Heidegger, Ibid., p.41："ist am Dasein eine Fundamentalstruktur freizulegen：das In-der-Welt-Sein."

㊺　Ibid.,p.240：Der Tod ist als existenziales Phänomen angezeigt. "

㊻　Ibid., p.50："daβ diese ontologischen Fundamente nie nachtiaglich aus dem empirischen Material hypothetisch erschlossen werden kö -nnen, ……"

㊼　M. Heidegger, The End of Philosophy and the Task of Thinking, p.

56.

㊽ Wolfgang Stegmüller, Main Currents in Contemporary German, Britisch and American Philosophy (Dordrecht-Holland：D. Reidel Publishing Company, 1969) ,p.154.

㊾ M. Heidegger, Sein und Zeit ,p.247.

㊿ Ibid., p.13：海氏為了避免這一語詞「Fundamentalontologie」(the Fundamental ontology)會被別人誤解作：他有意重建另一形式的形上學：他在1969年時，便避而不用它。參H. Spiegelberg, The Phenomenolgical Movement, V.I. (The Hague：Martinus Nijhoff, 1965&1971), p.290；以及項退結：與西洋哲學比較之下的孔孟形上學（轉引「哲學與文化」月刊，台北，民國66年9月），頁55。

本　　論

一、海德格（以後簡稱海氏）對西洋傳統存有學(Ontologie) 的總批判，以及他對基本題材的設定

㈠　海氏對西洋傳統存有學的總批判

在「導論」中，筆者曾經提到，海氏對「哲學」的理解是：回應存有者之「存有」的訴求之聲；而且也指出：所謂的「什麼是哲學？」這個問題，便已出示了希臘詞語「philosophia」（愛智）這意義之下的「哲學」的本義①。

循此衡之，筆者要說：海氏之所以對「哲學」會有這樣的體認，應該是有他的根據的。因為，他認為：「哲學」，就是希臘世界之存在的最先決定者；從而，也決定了西歐歷史的發展之最內在的主要特徵②。「哲學」既然決定著希臘世界，它便是倚藉希臘世界而開顯自己③。這意謂著，人們唯有進入與希臘世界暨其思想的「交談」中，他才能取得「哲學」的原始意義。

但是，由於「哲學」就是形上學(die Metaphysika；Metaphysics)，亦即是倚藉與「存有」的互屬關係，來思考存有者全體（參閱「導論」）；因而可說：哲學便是以希臘世界的思考方式，回應著存有者之「存有」。

　　在希臘的古哲之中，被海氏認為最能夠倚靠「存有者與存有」的互屬關係，以回應存有者之「存有」的，約有：赫拉克利圖斯(Herakleitos, ca. 544～484 B.C.)以及帕美尼底斯(Parmenides, ca. 540～470 B.C.)這兩個人。像前者，他就把「哲學」解釋作：愛智（係「哲學」的希臘字源之本義）的「智」。這個「智」，它所揭示的是：「一切是一」；表示：存有者全體，係統合在「存有」中之意④。而，「一切存有者，都在『存有』之中」⑤，則表示：「存有」統合(versammelt；unite)了存有者，而且也使存有者，在「存有」的顯現中作全體（性）的呈示。至於後者，則是以思想之能思(noesis；be able to think)，作為它與「存有」不可分離的原則⑥；藉此，而來反省存有者的「存有」。⑦

　　筆者由此得知：海氏之推許赫氏與帕氏兩人，並且認定，這兩位古哲肇始希臘原始的崇高智慧⑧的主因；當不外是：認為他們都已感知了「存有的呈明」(Zurspruch des Seins；the disclosedness of Being)⑨。換言之，他們所發生的（存在的）感知，當是涵指：他們本人，都感悟到自己與「存有」原就具有一種互屬的關係；從而，在他們個人的心境(die Stimmung；the state of mind)裡，乃能開顯出一種「存在（的）理解」(the existential understanding)。

　　這種「存在（的）感知」、或「存在（的）理解」，是有別於知識論(die Erkenntnistheorie；Epistemology)上的「瞭解」之意義⑩，更迥異於傳統形上學所謂範疇性思考方式下的「認知」之意義。

既然海氏認為：心境所開顯的「存在感知」（存在理解），才是「哲學」討論存有者之「存有」最原始應依循的方式⑪，他便從這個角度，統觀西洋自古希臘以迄於現今的哲學傳統；最後，始批判地指出：西方的哲學，除了赫氏與帕氏以外，自安那西曼德(Anaximandros, ca. 610～546 B.C.)⑫一脈以下，歷經蘇格拉底(Socrates, 469～399 B.C.)、柏拉圖(Platon, 427～347 B. C.)、亞里斯多德(Aristoteles, 384～322 B.C.)——海氏特別強調：自亞氏之後，哲學便已導入了歧途⑬——到康德(I. Kant, 1724～1804)、黑格爾(Georg Wilhelm Friedrich Hegel, 1770～1831)、馬克思(Karl Max, 1818～1883)，以及尼采(F. W. Nietzsche, 1844～1900)等人，都不曾真正在討論「存有」的問題⑭。

「存有」問題既然不被討論到，（人們）自然是遺忘了「存有意義」。因而尾生的，對人存在的真相——人即是作為能夠與「存有」相互呼應的「存有者」：「此有」⑮——，也一併地加以遺忘（這又叫做：「存在之遺忘」）⑯；甚至，也祇是把存在的「人」，當成手前性的存有者（按：事物、東西）予以看待⑰。

有鑑於此，海氏才會批判西方傳統形上學：根本上，即遺忘了「存有」。從而，即明確指出：唯有重新提出「存有」這個「題材」，有關「人」的問題（有如：主體性，或主、客二元的問題），才可能從基礎上加以解決。這也就是說，海氏認定：「『存有』這一概念（既）已形成了問題」⑱，（人們）祇有先是釐定(gestellt ; clear)「存有（意義）」，這才是解決（傳統）

形上學諸問題的預設基礎⑲。

　　剛才曾經提到，海氏批判柏拉圖、亞里斯多德…等人的思想，都是遺忘了「存有」的思想；那麼，有人或者要問：他們「遺忘了存有」的思想的「思想」，又是什麼呢？

　　在《存有與時間》(Sein und Zeit；Being and Time)，以及其它的作品裡，海氏則將它描述成：柏拉圖係運用辯證法(die Dialcktik；dialectic)，而認定存有者的「存有」，就是「理念（idea）」⑳；亞里斯多德認為：「存有」就是「存有者的第一基礎暨原因（即：事物的存有原因；或作：現實性；energeia；actuality）」㉑；中世紀的神學認為：「存有」就是「神」㉒；康德認為：「存有」就是「使對象成為可能的超驗自我」；黑格爾認為：「存有」就是「絕對精神展演時的辯證變化」㉓；馬克思認為：「存有」就是「生產的歷史過程」㉔；宣佈「上帝之死」㉕的尼采認為：「存有」就是「形成新價值的權力意志（衝創意志）」㉖。這一切，即代表傳統形上學，一味堅持它們已詢及，並且解答了所有有關「存有」這一課題的「問題」。

　　衹是，就海氏本人的看法，這些「答案」，在在都顯示：它們全指涉著所有的存有者，即手前性的存有者，而非真正的「存有」。若推究它根本的原因，這是由於他們都分不清「存有」與「存有者」的不同，因而都陷入了認定「存有者」，也就是「存有」本身的混亂中㉗。

　　既然有昧於「存有（意義）」於先，傳統思想導致對發問「存有」者的「本質」(essentia；essence)之大昧與誤解，自也必尾生於後（參前）；就像傳統哲學，有如：人類學便把「人」

(homo) 界定為∴理性動物(animal rationale；the rational animal)㉘，或我思(cogito；I think)㉙之我、主體(das Subjekt；Subject)、理性(die Vernunft；reason) 與精神(der Geist；Spirit)㉚……等。其實，以「存有」角度而言，這些「解答」，也都隱蔽了「存有（意義）」的基本問題㉛。

出此觀之，筆者不禁想作此判斷：海氏倚藉與「存有」生發關係，並巾「存在感知（理解）」的角度，批判西洋傳統存有學的觀點，這應該可以說，是他對「存有」所作「基本的體驗」而體現出來的「見解」㉜。

可是，儘管海氏的「見解」，的確是比傳統若干的思想家還要基始，不過，他之強調「存有」這個「題材」，仍然避免不了會受到人們的物議。就如，有人即認為：他是一位執迷於亞里斯多德哲學思想的存有學家㉝；或一派胡言亂語、又荒唐透頂的哲學家㉞；或念念不忘「存有」與「非存有」(non - being)之多瑪斯(Thomas Aquinas, 1224～1274)暨士林哲學學派的哲人㉟；或是個詭辯學家㊱；或是個存在主義者㊲；或是想重建另一形態的形上學家㊳；或是在他的存有學上，欲建立一套倫理觀的道德哲學家㊴；或在根本上，並不強調「身（肉）體」(body)的苦行思想家㊵；或祇會提出荒謬與無意義的形上語彙，以自擾的心神不健全者㊶；或悲劇性地經由「空」、或「無」的哀傷體驗，以尋求「存有之祕」的悲劇哲人㊷；或俗化且剽竊基督（宗）教之義理，而在實質上純係對神保持敵意之沉默的無神論者㊸……等。

筆者認為，以上這一切之對海氏所作的各種觀點的評價，也許，正如同他本人在世時，經常會對別人所說的：人們都無法理

解他的意思㊹。

筆者據此而覺得：後人如要瞭解海氏的「存有」觀點，誠然不易；不過，有一點應該可以確定的是：若從他晚期的一些著作，特別是「哲學的終結及思想的任務」(The End of Philosophy and the Task of Thinking)一文，想必可以看出：海氏自出版《存有與時間》以來，一生幾乎都是在關懷「存有」這個問題㊺。

姑且不論他是否真正完成了「存有學」，他依然是秉持自己對「存有」的一套詮釋，而來統觀暨評判傳統各家各派的哲學思想；像在先前筆者已提及的，海氏就曾經對傳統的存有學，作過毫不留情的抨擊。因為，在他看來，傳統思想之對「存有」的解釋，全是屬於一種「成見」。

海氏何以認定傳統的「存有」意義，即是一種「成見」呢？因為，他認為傳統的思想，無不把「存有」界定成：

  a.最普遍的概念㊻；不過，可不是殊種(species)與共類(genus)，而是超過了任何類的普遍概念㊼；

  b.不可定義(undefinierbar；undefinable)；因為，任何的定義，總須倚藉「最近的類」(genus proximum)和「種差」(differentiam specificam)才可能產生，可是，「存有」則無法從最高級、或是低級的概念界定出㊽；

  c.是眾概念中自明的(die selbstverständliche；self-evident)；為要認識任何事物，作任何陳述、或瞭解任何事物，都須應用「存有」這個概念㊾。

　　以上這三點，是海氏綜合出傳統哲學之對「存有」的看法；再者，他認為：由於這種見解，全是出於表象思想(representational thinking)⑤、計算思想⑤、手前性思想⑤，以及範疇性思想⑤的產物，故為一種成見。這也就是說，傳統的哲學，因為多運用這種思考的「方式」；因此，便無法明瞭「存有（意義）」的真理。既然不明瞭「存有之真」，自然，就無法使「存有」的揭示性(revealedness)作自我開顯⑤。「存有之真」一旦不開顯，人們便會（被）導入誤解「存有」的境地⑤。

　　海氏也批判傳統哲學：一旦對「存有」的遺忘⑤，相對地也會令「存有」隱退⑤。而，為了使「存有」呈顯，海氏便提出「時間性」(die Zeitlichkeit ; temporality)，以作為使「存有之真」作自我揭示的階梯⑤。因為，傳統的哲學，在根本上，也不明瞭「時間性」的存有蘊義，反而使「時間性」的「無蔽性」(unconcealedness)隱沒不彰⑤。

　　在此，筆者認為，海氏之重視「時間性」，當是他繼看重「存有」（課題）之後的另一項發現。又，海氏之以「存有」與「時間性」的角度，企想「破除」（西洋）傳統存有學的歷史，可也是一個相當重要的著眼點⑥。

（二）　海氏對基本題材的設定

　　剛才說過，海氏曾以「存有」與「時間性」的角度，批判（西洋）傳統存有學的歷史；不過，盱衡海氏後來之強調「思考」(das Denken ; thinking)的重要性，我們因而可以揣知：這

種批判，也當是相應於「存有」課題的形成過程而順勢成立的
⑥。

換句話說，思考「存有」的課題是如何的生成，以及如何的
進展，這在實質上，是與破除（西洋）傳統存有學的起因與方式
息息相關的。一旦破除傳統存有學，這即相應於「此有」的「存
有」（意義）之順利的設立⑥；反之，亦然。因為，海氏本人就
說過：一俟完全摧毀存有學的傳統過程，「存有」這個課題，才
可以徹底的解決⑥。

我們由此便可得知：海氏提出及理解「存有」題材，就必須
歸向對「此有」本身作具體的探討方有可能⑥；這種探討的「方
式」，也就是「破與立」相互運用的方式。

而，以上的探討，則是表明出：海氏先是偏重「破」的一
面，而批判傳統的思想。再者，這所謂「破與立」的相互運用，
如對海德格而言，他當是認為：一旦破除了（消極意義的說）傳
統存有學，如此才可以使「基本題材」──「存有」──的設立
（積極意義的說）之徑向，作充分地自我凸顯。又，這種破與立
的關係，在此便呈示作：是「破中有立」、「立中有破」的靈妙
運用。

剛才說到：海氏先是偏重「破」的一面，而批判傳統的（形
上學）思想；這種「破」，就是「立中有破」的「破」。至於對
「基本課題」的設立，這種「立」，也便是「破中有立」的
「立」。

以下，筆者則嘗試要問：海氏是如何偏重「立」的一面，以
設立「存有」的課題？

筆者在上一段落業已陳述，海氏之對傳統哲學的總批判，他的目的不外是：要喚醒向來早就把「哲學樹根的基礎，予以遺忘了」⑥的形上學，能重新正視「存有」這個顯題性的意義。進而，釐定「存有（意義）」，且以之作為建立「基本存有學」——即超越傳統形上學（存有學）——的濫觴。

這裡，所稱述的「基本存有學」，也就是指：要以「此有」，以作為理解「存有」的基礎之意。因為，在海氏看來，「此有」本身即具有「存有」的性徵⑥；人要理解「存有（意義）」，就必須透過分析「此有」本身，方有可能（參前）。

單就海氏的這項論點而言，則無不教人想起他何以不從祁克果之對「存在」(die Existenz ; existence)的分析開始，反而，要從柏拉圖的《詭辯者》(Sophists)一書中的一句話：「因為，明顯地，當你們應用『存有者』這個語詞之時，你們早已覺得：很熟諳這一語詞的真意。我們在過去，也認為是懂得了它；可是，現在，我們卻到達了困境」⑥開始。因為，傳統對「存在」的分析，如就海氏的「存有」的角度衡之，完全是喪失了「存有」的真。所以，就連祁氏的「存在」，他似乎也不關心；他真正關心的是：能決定存有者之為存有者的那個「存有」⑥。

海氏之重視「存有」，在此，可說是已經相當明顯了。它主要的原因，又可以看出：完全是繫於筆者在先前業已指出的，即海氏何以要歸向「此有」這個題材本身。因為，若要理解「存有」，便不能夠脫離思考「存有」問題的人——「此有」。

換句話說，要對「存有」作思考與理解，就不能夠用主體（即：個人）與客體（即：「存有」）對立的角度去把握⑥。思

考「存有」，理解「存有」，這在海氏而言，根本就是在理解「存有」如何開示它自己的「模式」⑦。而，這種理解「存有」之開示的活動，本身便構成「此有」自身之本質結構⑦。

筆者從而想結論出：海氏的「此有」之所詰問的，在實質上，則契合著「探問」本身。並且，這種「探問」，原本就屬於「存有」這顯題性之最內在的意義(eigensten Sinn ; the inner-most meaning)。

*　　　　　*

再者，論及「此有」之探問「存有」，其本身即構成「存有」的內在意義；這應該是表示著：這一種「探問」，已使「存有（意義）」能就存有學的先起性(der ontologische Vorrang ; the ontological priority)之結構，而自己開顯自己⑫。這種「詰問即回答」的循環手法，海氏本人則有他自己的說明。

他表示：這可不是「循環的推理」(Zirkel im Beweis ; the circular reasoning)，而是由「往後暨往前的關係」(Ruck - oder Vorbezogenheit ; the back and forth's relation)所生發出的。因為，不管「此有」如何詰問「存有意義」，他的詰問本身，以及他所得到的解答本身，總歸就是一種「存有」的模式⑬；也就是「存有」的一項回應⑭。

至此，有人不免想問：「此有」既然作為一個能夠理解「存有」的「存有者」；那麼，「存有」與「存有者」，可說就是一種二元對立了？針對此一「問題」，詳觀以上所言，我們當可知道，這根本不是什麼（知識論上的）二元對立，而是「存有學上的區分」(die ontologische Differenz ; the ontological difference)⑮。作為方法學上的一種「原則」——即「存有學上的區分」，可表顯出海氏的基本存有學的特色。

由於海氏的基本存有學，刻正反映出：他想建立「『存有』課題」，以超克傳統形上學；這委實顯示了，海氏就是基於以上所說的「存有學上的區分」之原則，而去破壞存有學的歷史的。

何以如此的說呢？筆者認為，這得就他所說的：「『此有』（即：人）的存在本質，就在他的『存在』之中」(Das Wesen des Daseins liegt in seiner Existenz；The essence of Dasein is in his existence)一語，來求取解答。因為，海氏的設定「存有」課題，在本質上，就是以對「此有」的「存在結構」(Existenzial；existential structure) 之分析——即叫做「存在分析」(die existenziale Analytik；the existential analysis)——為著眼的⑯；而，他所批判的傳統哲學，基始上，則是就現實存有的(ontisch；ontic)觀點——即主、客二元對立的觀點——，而來看待「存在」，並分析「存在」的。

既然從現實存有（存在）的觀點，以分析「存在」，這自是預設了：人的這個「存在」，是可以經由分類，以及歸納所得的概念與範疇而予以界定；遂而，便有所謂的理性主義(Rationalismus；rationalism)、經驗主義(Empirismus；Empiricism)、觀念論(Idealismus；idealism)和實在論(Realismus；realism)之哲學學派的應運興起。

為了解決各家各派的原始紛爭，海氏認為：唯有回復到「存有」(Sein；Being)這個核心的課題⑰，由基始上，弄清楚什麼是「存有意義」(Sinn des Seins；the meaning of Being)——即從對

「此有」的具體結構：存在性(Existenzialität；existentiality)⑱作分析開始——，這才能開顯「存有的真」。

換句話說，即經由先前所說的「存在理解」(existenzialen Verstehens；the existential understanding)之路徑，這才是開顯「存有（意義）」，並且解決傳統二元論爭的唯一關鍵。

總結以上的論述，我們可以知道，海氏所提出的「存有學」（即「存有」理解），乃是走先於理論、先於邏輯、先於概念、先於科學，非手前（性）的、非範疇（性）的、非表象（性）的、非計算（性）的、非科學（性）的（存有物論），而是具體的、存在（性）的、現象學的，或存有學的存在分析之徑向。這一種「存在分析」，就是「存有學上的區分」此一原則之運用，就是「基本存有學」本身，就是詮釋學（參閱下一單元）。

由於「基本存有學」此一語詞，容易被人誤認為：是有意建立另一種、或另一形態的傳統形上學；為此，海氏便在一九六九年取消了這個語彙。

不過，我們應當知道，海氏並不會因此而改變一向對於「存有」這個題材的關懷。而，這就是筆者據以推衍以下之論述的主要「論點」。

附　註

① M. Heidegger, What is Philosophy? (Was ist das--die Philosophie? ; trans. by W. Kluback and Jean T. Wilde; New York : Noble Offset Printers, Inc., 1958), pp. 71～75.

② Ibid., pp.28～29. "Das Wort ‘ philosophia ’ sagt uns, daβ die Philosophie etwas ist, was erstmals die Existenz des Griechentums bestimmt. Nicht nur das --die Philosophia bestimmt auch den innersten Grundzug unserer abendlandisch - europaischen Geschichte."海氏言下之意，係指：希臘的歷史，尤其哲學的傳統，是西歐現代科學暨科技的發源地；就像：自尼采之後，西方的科技（操縱學Cybernetics），便已完全取代了哲學(M. Heidegger, The End of Philosophy and the Task of Thinking, in *On Time and Being*, pp. 57～58)。是以，哲學因此而終結；作為以「經驗科學」為本質的「形上學」，遂啟導並開展出西歐世界性的文化。〔另參海德格著：「回到形上學基礎之路」，轉引考夫曼編・孟祥森等譯：*存在主義哲學*（台灣商務，民國60年，二版），頁264〕。

③ M. Heidegger, Was ist das -- die Philosophie? pp.30～31.

④ Ibid., pp.47～49；另參項退結：現代存在思想研究（台北，現代學苑，民國59年），頁84。

⑤ Ibid., "Alles Seiend ist im Sein."

⑥ 鄔昆如：西洋哲學史（台北，正中書局暨國立編譯館，民國60年），頁47～52。

⑦ M. Heidegger, The End of Philosophy and the Task of Thinking, pp.68～69.

⑧ 項退結：前揭書，頁116。

⑨ Marvin Farber, Phemomenology and Existence (New York: Harper Torchbooks, 1976),p.208.

⑩ M. Heidegger, Sein und Zeit, p.134.

⑪ Ibid., p.138.

⑫ 安氏係先蘇期(Vorsokratiker; pre- Socratic period)的第二位哲人；

他著述的《論自然（物理）》(Peri physeos ; On Physics)，公認是西方最早的形上學書籍（鄔昆如：前揭書，頁29～30）。安氏係以「無限定者」(apeiron)作為一切事物的原料，並以它來形容「太初」（布魯格編著·項退結編譯：西洋哲學辭典，頁537）。

⑬ M. Heidegger, Einführung in die Metaphysik (Tübingen: Max Niemeyer, 1956),p.12.

⑭ Michele Federico Sciacca, Philosophical Trends in the Contemporary World (U. S. A. : University of Notre Dame Press, 1958),p.192.

⑮ M. Heidegger, Sein und Zeit, p.7.

⑯ Ibid., p.2：另參鄔昆如：前揭書，頁610。

⑰ M. Heidegger, Existence and Being (With an introduction and analysis by Werner Brock ; Chicago: Henry Regnery, 1949), p.108.

⑱ Wolfgang Stegmüller, Main Currents in Contemporary German, British and American Philosophy (Dordrecht --Holland : D. Reidel Publishing Company, 1969), pp.136～137.

⑲ M. Heidegger, Sein und Zeit, p.5 ; & M. Heidegger, Existence and Being, p.75.

⑳ M. Heidegger, Sein und Zeit, p.25; & M. Heidegger, Was ist das -- die Philosophie ? pp.54～55.

㉑ 項退結：海德格思想與皇帝之盛服（台北，「哲學與文化」月刊，第三卷，7期），頁19：另參M. Heidegger, Was ist das -- die Philosophie ? pp.54～55.

㉒ M. Heidegger, Sein und Zeit, p.24 ; "God, as ens inifinitum, was the ens increatum."

㉓ Ibid., p.22; & M. Heidegger, The End of Philosophy and the Task of Thinking, p.56.

㉔ 項退結：前揭文，頁19。

㉕ Martin Buber, Between Man and Man (trans. by Ronald Gregor Smith ; U.S.A. : Beacon Press -- Boston, 1955), p.167.

㉖ M. Heidegger, The End of Philosophy and the Task of Thinking, p. 56.

㉗ 海德格：回到形上學基礎之路，頁175。

㉘ M. Heidegger, Sein und Zeit, p.48.

㉙ Ibid., p.22; 及Frederick Copleston, S. J., Contemporary Philosophy (Westiminster Maryland : The Newman Press, 1956), p.134.

㉚ M. Heidegger, The Piety of Thinking (trans. by James G. Hart and John C. Maraldo (U.S.A.: Indiana University Press, 1976), p.101.

㉛ W. Stegmüller, op. cit., p.137.

㉜ H. Spiegelberg, The Phenomenological Movement, V. 1. (The Hague : Martinus Nijhoff, 1965 & 1971), p.285;即:體驗傳統哲學普遍遺忘了存有(die Seinsvergessenheit; the forgetfulness of Being)之問題。

㉝ John Passmore, A Hundred Years of Philosophy (New York: Basic Books, Inc., 1966), p.487 ; H. Spiegelberg: op. cit., p.290.

㉞ Otto Samuel : A Critical Analysis of Nicolai Hartmann, p.34;哈特曼（N. Hartmann,二十世紀）曾就經驗人類學(empirical anthropology)的觀點批判海氏,這則被撒姆爾(O.Samuel)指為:乃並未涉及（海氏所提的）知識論暨存有學的基本問題(the epistemological - ontological fundamental problem)結構之癥結,即基本的、先起的(a priori)問題(H. Spiegelberg, op. cit., p.289)。

㉟ William P. Alston and Georgen Nakhnikian, eds., Readings in Twen-tieth - Century Philosophy (U.S.A.: The Free Press of Clencoe, 1968), p.679;另參項退結手稿:對西洋哲學作全面批判的海德格。

㊱ Michele F. Sciacca: op. cit.,p.192;有人認為:海氏提出〝關切〞「存有」的問題,其實,就是在〝關切〞「我」〔即提出「存有」問題之我存在(I am)的「我」〕的問題;而,這便是一種詭辯(Soph-ism)。海氏便是藉這種詭辯,以摧毀存有、存有學、形上學……諸哲學的基礎。

㊲ William P. Alston and George Nakhnikian, eds., op.cit., p.680;沙特在《存在主義就是人文主義》(1927)一書當中,曾把海氏列為存在主義者;對此,海氏在後來發表的「論人文主義一封信」(Brief über den Humanismus, 1946)中,遂予以駁斥。他並且指出:沙特倡言的「存在先於本質」(Existence precedes essence),雖是自柏拉圖以來,傳統西洋哲學的主張──「本質先於存在」(Essentia is prior to existentia)──的倒裝句;但是,這種的論調,委實也是一種形上學

的陳述。因而，也是「遺忘了存有的真」(oblivious of the truth of Being)。所以，海氏結論道：「存在主義」僅適合沙特所代表的，而他，卻是關懷著「存有」(Sein)。因為，他本人所涉論的「存在」(Existenz)，乃特別屬於「此有」(Dasein)，而非古老傳統哲學中的「存在」(existentia)之字義（參H. Spiegelberg : op. cit., p.289）。

㊳ 唐君毅：「述海德格之存在哲學」，轉引唐君毅·牟宗三·李達生編著：存在主義與人生問題（香港，大學生活社，1971，初版），頁42；另參程石泉：輓近東西哲學之交互影響（台北，聯合報副刊，民國68年6月4日）。項退結先生認為：海氏並非想建立另一形態的形上學體系；因為，海氏所提出的「存有學」，原意祇是「存有理解」，根本不可稱作是一種「形上學」（參項退結：對西洋哲學作全面批判的海德格，頁5；另見H. Spiegelberg : op. cit., p. 290）。

㊴ 鄔昆如：存在主義論文集（台北，先知出版社，民國65年，二版），頁132～158；另參：Calvin O. Schrag : Existence and Freedom (U.S.A. : Northwestern University Press, 1956),p.198；就這項觀點，筆者在「本論」之四即已作深入的討論（請參閱「本論」之四）。

㊵ R. M. Zaner, The Problem of Embodiment (1964)；另參M.R. Barral, Merleau -- Ponty : The Role of the Body --Subject (1965)；John Passmore, op. cit.,p.512；以及康恩(Eugen Kahn，二十世紀)：存在分析評述，轉引雷登·貝克等著，葉玄譯：存在主義與心理分析（台北，巨流圖書公司，民國63年，三版），頁61。

㊶ J. Passmore, op. cit., p.487；卡納普(Carnap, Rudolf, 1891～1970)引述海氏的《形上學是什麼？》(Was ist Metaphysik? Frankfurt, 1949)之語句，如："das reine Sein und das reine Nichts ist also dasselbe........."等，而評之為無意義的語言。

㊷ Adrienne Koch, Philosophy for a Time of Crisis, p.208.

㊸ J. M. Spier : Christianity and Existentialism (trans. by David Hugh；U. S. A.: Freeman Cuilson College, 1953) , p.37；這位作者批評海氏的思想，視之乃是一種虛無主義(nihilism)。

㊹ 雷登·貝克等著，葉玄譯：前揭書，頁59。

㊺ M. Heidegger, The End of Philosophy and the Task of Thinking；另參項退結：前揭書，頁30。海氏認為：哲學在終止時，靠著「思想」之記憶，仍然可以感知「存有之真」的境界：亦即「思考」存有，便可拯救一切思想的潛在危機。

㊻ M. Heidegger, Sein und Zeit, p.3；以及參閱Aristotle, Metaphysics (trans. by W.D. Ross；台北，現代書局，民國53年), pp.727～728.

㊼ M. Heidegger, Sein und Zeit, pp.3～4.

㊽ 項退結：現代存在思想研究，頁116～117。

㊾ 同上，另參I. M. Bochénski, Contemporary European Philosophy (trans. by D. Nicholi and Karl Aschenbrenner ; U.S.A. : University of California Press, 1975), p.162.

㊿ M. Heidegger, The End of Philosophy and the Task of Thinking, p. 56.

51 項退結：海德格思想與皇帝的盛服，頁20。

52 M. Heidegger, Sein und Zeit, p.25；參項退結：對西洋哲學作全面批判的海德格。

53 M. Heidegger, Sein und Zeit, pp.3～11，以及William P. Alston & G. Nakhnikina, eds., op. cit., p.680；海氏認為：範疇(die Kategorie ; category)是存有者的特徵，祇可適用在探討一般手前性(Vorhandenheit ; presence - at - hand)與及手性(Zuhandenheit ; readiness - to hand)之非「此有」性的存有者上。

54 海德格著：回到形上學基礎之路，頁260。

55 同上，頁264。

56 同上，頁265。

57 Frederick Patka, ed., Existentialist Thinkers and Thought (New York : The Citadel Press, 1962), p.95；海氏深受賀德林(F. Hölderlin, 1770～1843)之詩學的影響，認為：這個時代，是諸神隱蔽，而且真「神」(God)即將來臨的時代。詩人(poet)和思想家一樣，在這「存有之遺忘」的黑暗中，也得負起探尋「存有（意義）」的思想之任務。

58 Ibid., pp.262, 271；另參M. Heidegger, What is Metaphysics? 「後記」(Postscript)，頁349。

⑤⑨　F. Patka, ed., op. cit., p.265.

⑥⑩　M. Heidegger, Being and Time (trans. by John Macquarrie & Edward Robinson ; New York : Harper & Row, Publishers, Inc., 1962), pp. 63～64.

⑥①　M. Heidegger, Sein und Zeit, p.23.

⑥②　Ibid., p.25.

⑥③　Ibid., p.27.

⑥④　Ibid., p.1.

⑥⑤　海德格：回到形上學基礎之路，頁262；另參Pierre Thévenaz, What is Phenomenology? (trans. by James M. Edie, Charles Courtney and Paul Brockelman; Chicago: Quadrangle Books, 1962), p.154.

⑥⑥　M. Heidegger, Sein und Zeit, p.7；另參鄭重信：存在哲學與其教育思想（台北，文景出版社，民國64年），頁14。

⑥⑦　M. Heidegger, Sein und Zeit, p.19；本段譯文，係轉引自項退結：現代存在思想研究，頁86。

⑥⑧　M. Heidegger, Sein und Zeit, p.6.

⑥⑨　M. Heidegger, Being and Time (trans. by J. Macquarrie & E. Robinson), p.31；請參其註解。

⑦⑩　M. Heidegger, Sein und Zeit, p.7.

⑦①　Ibid., p.8 ; "⋯⋯zur Wesensverfassung des Daseins selbst gehört."

⑦②　Ibid.

⑦③　Ibid.

⑦④　M. Heidegger, What is Philosophy ? p.71.

⑦⑤　F. Patka, ed., op. cit., p.100.

⑦⑥　M. Heidegger, Sein und Zeit, p.12.

⑦⑦　M. Heidegger, An Introduction to Metaphysics (trans. by Ralph Manheim ; New Haven : Yale University Press, 1959), p.199.

⑦⑧　M. Heidegger, Sein und Zeit, p.44.

二、海氏探討「存有」所應用的方法──存在分析（又名：基本存有學、或現象學─詮釋學）──與胡塞爾現象學方法的差異，以及海氏的方法之特色

在前一單元裡，筆者業已指出，海氏之對西方傳統哲學中，除了先蘇期的赫克利圖斯與帕美尼德斯兩位俱已把握了「存有」的蘊義之外，自安那西曼德以下到現代的尼采為止，其中的哲學家，多是以手前性的表象思考方式在思考「存有」；結果，他們所思考的並不是「存有」，而是「存有者」。如此，反而遺忘了存有(die Seinsvergessenheit；forget of Being)，更且亦使「存有」一直隱匿不彰。

有鑑於此，海氏遂重新提出「存有」這一課題，而且試圖由「時間性」入門（詳見「本論」之三），期以喚醒世人能對「存有之真」(Wahrheit des Seins；the truth of Being)的認識，並且使「存有之真」，能再度重現於世。

又，筆者也指出，海氏之說明「存有」，一方面，是相應於對傳統形上學的克服①；另一方面，則是相應於擬釐定他心中所呈顯的「存有意義」；從而，以分析能發出（一切）問題的存有者──「此有」──的結構之一：「存在性」，而企圖解明「存有之真」的奧蘊。

就經由對「此有」的「存在性」之分析，以解明「存有之真」的奧蘊而言，海氏在《存有與時間》的導言中，便曾作出一

番的解釋。簡要的說，海氏認為：解明「存有」何以會使存有者的「存有」能作自我的呈示，這乃是「存有學」的基本任務②。而，探究「存有意義」這一個問題，它所碰到的哲學的基本問題，則非要以「現象學的」(Phänomenologische；phenomenological)方法來處理不同③。

筆者從而得知：海氏探討存有者之「存有」（即：存有學die Ontologie；ontology)這門科學，在基始上，本就是一門「現象學」(die Phänomenologie；phenomenology)的學問④；因為，（如他所述：）「祇有本身作為現象學，存有學才有成立的可能」⑤。筆者分析海氏的這般見解，其關鍵則是在於：他端視「現象學」，原本就是一種探討「存有者之存有」的學科；而且，他心目中的「哲學」，也即是一種普遍的現象學暨存有學⑥。

海氏由現象學暨存有學入門，企欲把握「存有」的意義。而，若就「存有」在海氏的心境中所示現的前後關係而論，海氏本人對「存有」的思考，則是有它的歷史的⑦。就像斯比葛伯(H.Spiegelberg，二十世紀)，便指出：海氏思考「存有」的發展史，約可概括成以下三個階段——

第一階段是：海氏受業於里克特(Heinrich Rickert, 1863～1936)門下，在1914年獲取博士學位（他撰寫的論文題目，便與心理主義的判斷理論有關），一直到1916年發表：「董斯·斯哥德關於範疇與意義的學說」(Die Kategorien and Bedeutungslehre des Duns Scotus)⑧為止；在這期間，顯示海氏對於哲學的看法，多少已深受里克特的「超越哲

學」，斯哥德的「意向性」、「歷史」、「存有」與「時間」的概念，以及胡塞爾的《觀念》(Ideen, 1913)一書所提示的現象學存而不論⑨之影響，而對「存有」已有些許的體語。

這個階段，也可以說是海氏的《存有與時間》一書的「主題」之逐漸孕育成型的階段；

第二階段是：海氏有意忽視胡氏的現象學存而不論(還原die Reduktion；reduction)，而運用他心中所認定的「真正的」現象學（即：存在分析暨詮釋學）；亦即經由以「人」為主的存在的探討⑩，以詰取「存有意義」。因為，在他認為：胡氏的現象學存而不論，最後所導致的先驗觀念論(transcendental idealism)，由於仍舊憑賴意識(das Bewuβtsein；consciousness)而非人的「存在」，因而，無法解決一向以「意識」作討論基準的「實在論」(die realismus；realism)和「觀念論」(der idealismus；idealism)之間的論爭⑪。

而，他本人的現象學暨存有學，則可解消傳統思想中之人與世界、現象與本體、主體與客體、心與物二元對立的基本問題；

第三階段是：海氏似乎不太強調《存有與時間》一書的計劃，而即以「思考」為著眼，直接思考「存有」；有如：在1943年，海氏出版的《論真之本質》(Vom Wesen der Wahrheit；On the Essence of Truth)，便是如此。

以上，所提到的海氏思考「存有」的歷史，誠然有助於我們

瞭解海氏究竟是「如何」去探討「存有」；而，這個「如何」，就是「過程」，就是「方法學」，就是「現象學暨存有學」。

　　以下，筆者則嘗試指出：所謂「現象學」的原義是什麼；其次，論及影響海氏思考方法的胡塞爾哲學；最後，則討論與胡氏哲學方法迥然不同的海氏的詮釋學之特色：

㈠　胡氏的現象學與海氏對「現象學」的新詮

1.　現象學的原義

　　「現象學」一詞，係由希臘文phainomenon和logos——後者，可溯及赫拉克利圖斯所提出者——兩字湊合而成⑫；德文衍作：Phänomenologie；英文衍作：Phenomenology，意思是：討論「現象」的學問。phainomenon的原形動詞phainesthai⑬，原意是：顯露自己(to show itself)、或示現在光之中(to be in the light)。現在分詞Phainomenon，原意是：顯露自己者、明顯者⑭。由於原形動詞phainesthai與光（phos；light）有關；光是使事物呈顯的源頭，而且在本身中，也示現自己。

　　因而可知，現象(Phenomenon)一詞的意思，是：在自身示現自己者(Das Sich - an - ihm - selbst -zeigen；show itself in itself)⑮。現象與顯象（假相、外觀、佯似Scheinen；illusion, semblance）⑯、外表(die Erscheinung；appearance)、顯似(der Schein；seem)的意義不同，而是後三者之所以可能（發生）的基礎⑰。

　　Logos的原意，是：談話(die Rede；talk , word)⑱，但是，

自柏拉圖、亞里斯多德之後，則給迻譯成：理性(die Vernunft；reason)、判斷(das Urteil；judgement)、概念(der Begriff；concept)、定義(die definition；definition)、基本（礎）(der Grund；ground)，或關係(das Verhältnis；relation)等。儘管如此，它仍然與「交談」有關，亦即在談話中，能把「所談的」暴顯出來⑲，而使人見到（phainesthai；see）所談論的東西⑳。

　　釐清了以上兩字語的原意之後，所謂的「現象學」，便可以詮釋成：藉自身顯示自己的方式，使自身所顯示的自己被看見㉑；或者使隱而未顯的東西開示出來㉒。

　　據悉，在西方哲學中，最早使用「現象學」這一字詞的人是藍伯(J. H. Lambert, 1728～1777)㉓，像：他就在《新工具》(Neues Organon, 1764)一書中，使用「現象學或顯像之學」(Phänomenologie oder Lehre des Scheins)這個名稱，以作為第四篇的標題。之後，康德在《自然科學的形上原理》(Die metaphysischen Anfangsgründe der Naturwissens,1788)中，也使用過這一語詞。至於黑格爾，則有《精神現象學》(Phänomenologie des Geistes, 1807)的出版；而哈曼(J. G.Hamann,1842～1906)，也曾提及「倫理意識的現象」㉔。

　　可是，真正使「現象學」成為一門既嚴格、又有系統的「學科」的，則要算是胡塞爾；因而，胡氏可以說就是「現象學」的創始人㉕。

2.　胡塞爾的現象學方法

　　胡氏鑑於笛卡兒(René Descartes,1596～1650)的「方法懷

疑」(dubitatio methodica ; the doubt of the method)㉖──胡氏
雖因笛氏有關知識的形成問題而予以排斥，但是，卻採用他的
「方法懷疑」之主觀主義，而開展他的先驗主觀觀念論(subjec-
tive idealism)㉗；並開展至休謨(D. Hume,1711～1776)的「印象」
(impression) 概念㉘；康德的「經驗」討論㉙；黑格爾的「超
越」；哈曼的「還原」㉚；布倫他諾(Franz Brentano,1838～
1917)㉛的「意向性」(intentionalität ; intentionality)之解釋㉜；以
及史東夫(Carl Stumpf,1848～1936)的詮釋「意識」㉝──，而提
出「直指事物本質」(Zu den Sachen selbst ; to the thing itself)的
「現象學」㉞。

其實，胡氏之所以提出「直指事物本質」的現象學，乃是有
它時代的背景。理由是，一方面，他不滿意於當於（十九世紀）
的自然科學與人文科學…等思想，多充斥著相對主義、歷史主
義、唯心主義㉟、經驗主義㊱，以及唯理主義浮濫的論調；另一
方面，他則有意和康德的先驗哲學唱反調㊲。

因為，在他看來，康德哲學本身，乃自相矛盾：

一、它既承認有先驗(a priori)的批判，但是，在另一方面，
　　又不得不承認「批判」很難與「經驗」脫離㊳；

二、既承認主、客二元，但是，卻遺忘了主體的最終意
　　義，即主體並未歸向純粹的「超越意識」，因而，導致
　　主體產生純理性(reine Vernunft ; pure reason)和實踐理
　　性(praktische Vernunft ; practical reason)的二元，以及
　　客體產生物為我們(Ding - für - uns ; thing - for - us)與物
　　自體（物自身Ding - an - sich ; thing - in - itself)之二元。

　　如此，不但使得知識論和實踐道德產生二元的對立，而且，也使主體的意識能力，產生難以統一的基本困難㊴。

　　胡氏有了此項認識之後，便由「意識」這方面著眼，企圖提出「歸向客體」(Wendung zum Objekt ; reduction to the object)㊵、或「歸向事物本身」這種深具批判經驗論之精神的本質哲學。

　　我們當知：胡氏之設立「本質哲學」的用心，固然是想解決傳統哲學二元論爭的問題；但是，若就「真理」的問題而言，他的雄心卻更大。他企想建立一套既嚴格、縝密、徹底、絕對，又純粹的知識論㊶，試圖一舉根本解決「真理」的問題㊷。至於這項計劃的發軔，從他完成《邏輯研究》(Logische Untersuchungen,1900～1901)之後，便極力尋求「純邏輯和知識的新基礎」㊸的強調裡，即可看出箇中的一些端倪。

　　既然胡氏認為，他的「歸向事物本質」的現象學（又名：本質哲學Philosophie des Wesens ; philosophy of essence)㊹，可以替傳統的知識論；奠定一個完全有如數學般既清晰、明瞭，又可消除不必要的、獨斷的以及未經實證的「預設」知識之基礎㊺；那麼，有人不免要問：他的本質哲學，又是如何的建立呢？

　　針對這項問題，筆者則想藉他的現象學之兩大支幹作一説明：一是「本質的還原（存而不論）」(Eidetic Reduction)；另一是「現象學的還原（存而不論）」(Phenomenological Reduction)㊻。「本質的還原」就是：虛懸自我、認識行為，以及對象的存在，而專就「對象」的本質(Eidos ; essence)，以作純粹、又直觀的描述㊼。這裡的「虛懸」，係指：「存而不論」

(Eopche)之意。

「存而不論」一詞，係由Epoche（放入括弧）衍變而來。胡氏對這一語詞的運用，可要比笛卡兒之運用「方法懷疑」更為高明⑱；因為，他係將之應用在客體（對象）以及主體（思想）上，從而，以祛除不屬於絕對、先驗⑲的純粹意識之（待證而未證明的）事物⑳。

至於「現象學的還原」，就是：從作為思考之主體的認識行為，直接歸向「純粹意識」(reines Bewuβtsein ; pure consciousness)——或作：「純我」(reines Ich ; pure I)——，而把握自顯(it gives)在我們意識的意向性中之客體的原始意境㉑。換句話說，便是指：主體的純粹意識，之對客體的原始構造——即「現象」㉒——作本質的直觀(Wesenschau ; intuition of essence)；如此，便可以把握向主體的意向性——即意識的本質㉓——呈示作的客體；這個客體，就是在主體內在意識之意向性中作呈示的客體㉔，也可叫做：「純物」(reines Ding ; pure thing)㉕。

由於胡氏強調「歸向事物本質」、「歸向主體的純粹意識」，就此而言，胡氏的現象學（本質哲學），也可以稱作是：知識的先驗（主觀）觀念論、具體的先驗主體性之學科，或純粹的自我論(a pure egology)㉖。因為，他是藉主觀的意識〔屬精神(logos)的作用〕，統合了自我和外界事物的存在；這也就是說，他是以意識和本質之間的關係，聯繫了主體意識和客體事物的本質(On的存在本質)。而，這種On和Logos的關係之建立，多少影響了他的弟子海德格之對「現象學暨存有學」的提出與新詮㉗。

胡氏既然強調「意識」，他便認為：一切的認識作用，都是

意識之流;而且所有的意識,也都是針對某一事物的意識⑱。

　　意識不但包容所有的經驗與知識,意識也包羅經驗與知識的主體;甚至,攝含意識本身⑲。由而,意識與本身、意識與意識作用,以及意識與外在世界的關係,就成為胡氏一心想要探討的「課題」⑳。

　　剛才言及,主體的意向性構成了意識的本質,我們由此判知:胡氏一向強調的意識之意向性(intention),乃是將拉丁字「tendere」(tension 伸張)加以擴大使用,而具有「保持」(Retentio ; retain)與「前瞻」(protentio ; prevision)這兩個意涵的。前者,係針對眾經驗的存而不論以及爾後的納入而言;而後者,係指主體對自己未來的設計(der Entwurt ; project)之意㉑。胡氏就此,便意識到了內在時間性的存在;換句話說,時間(die Zeit ; temporality)之對胡氏而言,它乃是在意識之前瞻與保持當中產生的㉒。

　　原來,「意向性」一詞,布倫他諾(參前)早就使用過;但是,它卻頗具心理主義的意味㉓;到了一向反對心理主義的胡氏手中,遂被轉化成知識論、超驗主義,或者「存有學」的意義而加以研討㉔。

　　總結的說,胡氏乃視「真理」(知識)的問題,就是一種構成(Constitution)的問題。所謂「意義」(der Sinn ; meaning),也就是從超越意識開始,而把握到的意向性的結構之內容㉕。客體(的本質)雖然可以作直觀的把握,但是,對胡氏來說,意識並不結構(constructed)客體,而是客體主動向意識作呈顯;這也就是說,客體即是直接呈現的(already given)「對象」㉖。如此,

在「意識」之作為認知的基礎上，胡氏的論點，當然是比實在論和觀念論更超前了一步。

因為，他著重的客體之「自己呈現」(Selbstgebung；present itself)，已將笛卡兒的「直觀」和康德的「構成」之題材結合了起來⑰。而，這便是胡氏的現象學，之具有先驗直觀(transcendental seeing)、或超越經驗(transcendental experience)的特色之所在⑱。

3. (在胡氏影響下) 海氏新詮「現象學」 (即：詮釋學) 的要義

以上，我們已提過：胡氏強調先驗的純粹意識之直觀，即是把握事物之本質的方法。胡氏並且認為，一旦運用這種（現象學還原）「方法」，便可以使事物的超越性，成為我們內在意識中的存在。所以，由此可知，奠基於「意識」基礎的胡氏的知識論，似已獲致內存與超越合一、意識與存在合一、主體與客體合一、物與我合一、與思想與存在合一的原始意境；而，這就是胡氏的現象學的主要成果⑲。

然而，儘管胡氏企圖經由知識論的嚴密奠定，運用現象學的本質直觀法，企圖超抵「存有學」的領域；但是，這在自認為正從事反對一般概念、邏輯，以及表象思考方式之反向運動的海德格看來，祇不過是一種不純真(uneigentlich；inauthentic)、遺忘存有(die Seinsvergessenheit；forgetfulness of Being)，甚至，隱蔽真正緊要之物（即：存有之真）的表示⑳。

因為，對海氏而言，探討主、客體間諸關係的任何的學問，一旦疏忽了人的「存在」㉑，將人的「存在」存而不論，或者對

人的「存在」沒作一「清晰、又明瞭」(cleara et distincta；clear and distinct) 的理解；那麼，就會對先於科學的(vorwissens-chaftlich；pre - scientific)、非科學性的⑦存有者（人）之「存有」，喪失原始的理解。

如此一來，自不待言，也必會重蹈傳統哲學之運用手前性的思考方式，而把作為「能知」(knower)的人——存在的「此有」——，視作是與客觀對象（即：所知the known)有所對立的世間的手前「存有者」。結果，也會導使主、客體之間產生不斷的傾軋和永久的分裂。

有鑑於此，海氏才強調，應當脫除一般「人們」的思考模式⑦，甚而，批判想藉主體純意識之發現，來替一切的科學奠定基礎，並一舉解決胡氏的現象學之中，諸如：命運、歷史、時間、意義，甚至「死亡」(der Tod；death)這些基始性的問題⑭。

毋庸置疑，胡氏的現象學，確實已大大影響了海氏；可是，海氏並不採納胡氏經由還原（存而不論）之運用所導溯出的「純粹意識」，以作為他探討哲學基本問題的原始「根基」⑮。他反而更加深入「純粹意識」之原始意境的「基礎」——即「此有」——，而對「此有」作詮釋學(die Hermeneutik；Herme-neutics)的詮析⑯。

換句話說，亦即是對作為哲學的起源與終點之人的「存在」(Existenz；existence)作基本分析⑰，且由而開始探討與人的「存有」有所關涉之人的諸般「存在性徵」；就像：「在世存有」(In - der - Welt - Sein；Being - in - the - world)、「不安」(die Angst；anxiety)、「掛念」(die Sorge；care)，以及「到死之存

有」(Sein‐zum‐Tod；Being‐unto‐death)等基始問題⑱。

由於海氏對「現象」一詞的理解與胡氏不同,他並不認為胡氏所謂的「本質直觀」,真可以把握到「現象」本身⑲。海氏瞭解,一旦把「事實的此有(人)」(das faktische Dasein；the factual Dasein)存而不論,則「意識」與「直觀」(胡氏認為:「直觀」便是邏輯之毫無預設的基礎),便了無支撐的基礎。

畢竟,唯有人(此有)本身,有向存有者的意義性(Bedeu-tsamkeit；significance)開示自己之先起的自由行動(a prior act of freedom),「意識」與「直觀」才有可能成立。

就此而論,「意識」與「直觀」也可以說,就是:作為「此有」──即與「存有」具有互屬之相應關係者──和存有生發一種開放關係的結果。於是,「意識」便不再是一種直接呈現的事實,或不是不可歸約的事實⑳。因而,海氏結論說:對人的「存在」存而不論,根本即是不可能之舉㉑。

總括而言,胡氏是討論現象的自顯;但是,海氏卻要究明現象自顯的「本源」㉒。因為,在海氏看來,胡氏心目中的「現象」,依然是受到了隱蔽;故而,要先揭示現象,而後現象才會自顯。

就此,從最原始的「基礎」的觀點衡之,筆者認為:海氏的現象學暨存有學(即:詮釋學),即是要為胡氏的現象學(即:本質哲學),奠定一存有學的基礎(der Grund；ground)。無怪乎,海氏本人便曾經表示:他的基本存有學(即:存在分析法、詮釋學),乃是要照明(erleuchten；enlighten)「意向」的根基㉓;而,這就呈示了海氏新詮「現象學」所獲致的主要貢獻。

㈡ 海氏的存在分析法與胡氏現象學方法的差異，以及海氏的方法之特色

1. 海氏的基本存有學之內容，是：存在分析

在上一段落的探討中，筆者已約略勾勒出：海氏心目中的現象學暨詮釋學，即是揭示現象，使現象自顯，而開示自己的「存有（意義）」的「手法」。

這可誠如他在《存有與時間》一書的「導言」（第七節）中所說的：

「現象學，就是通向本身作為存有學的題材(das Thema；Theme)的門徑(die Zugangsart；gate)」。又說：那作為存有學的「題材」的，就是本身能自顯，又是構成存有者、他的意義(seinen Sinn；his meaning)、限制(Modifikationen；modification)與衍生物(Derivate；derivative)的「存有」㉔。

其實，這個「存有」，也就是由「現象」、或「開顯者」(das offenbare；manifestation)所聚合成的「存有」。然而，海氏卻認為：由於作為現象的，經常是隱蔽不彰（這純粹是針對胡氏，認定「現象」盡是直接呈現而發）；故而，自顯者的意義(der Sinn；meaning)與基礎(der Grund；ground)，自然也隱沒不顯㉕。所以，我們才需要能使「現象」的「存有之全」，以及「存有之真」儘量揭示(aletheia；disclose)㉖的現象「學」㉗。

海氏為了要把握「現象」的「存有之全」與「存有之真」，他便歸向「此有」本身的「存在」，而對「存在」的「存在性」

逐作分析。由此可見，海氏所說的「基本存有學」，在此即可被理解成：一門作為「回應」什麼是存有者之「存有」（意義）這基本問題(die Fundamentalfrage；the fundamental problem)的現象學。因為，想要使這基本問題有所「解答」，就得仰賴作為「現象」的存有者——「此有」——如何揭示他的基本結構(die Fundamentalstruktur；the fundamental structure)以定。

換句話說，為了要使「此有」的基本結構自顯，祇有透過存在分析——即存在理解、詮釋——，才可使「隱藏的」（即：存有意義）作自我揭明。而，由此角度，我們便可以說：海氏的基本存有學，在本質上，即是一種現象學的描述，一種詮釋學，一種存在的分析⑱。

2. 確立海氏的基本存有學（方法），優於胡氏的形質存有學（理論）

海氏既然視他的基本存有學，為一種存在分析，這就表明：這種「存有學」，乃是方法學，而得當成一項潛能、或可能性(die Möglichkeit；possibility)，才不致導致誤解⑲。由於海氏曾強調：「潛能超凌現實性」(Höher als die wirklichkeit steht die Möglichkeit；Potentiality is higher than the actuality)⑳；因而得知：「現象學」，對於海氏來說，便不是什麼固定「立場」(der Standpunkt；standpoint)、或什麼「學派」(School)，反而是存有學上究明「存有（意義）」的「工具」(instrument)。

這自與堅持對任何直接呈現之事物形態的「現象」，作客觀分析、直觀描述的胡氏的「存而不論」不同㉑。因為，在海氏看

來，胡氏已執著某一固定目標，而且，也把現象學視為：「可當成一種邁向『存有學』之必然預備的階段」(as a necessary propacdeutic to ontology)⑫。

海氏既然強調他的現象學，就是存有學（參前），我們乃可確定：他的「（基本）存有學」，也就是一種作為把握、釋明「存有意義」的探究方法（過程Wie；how）⑬、態度(die Lebensart；attitude)或模式(Modus；mode)⑭，而非作為哲學探討之對象的本質(Was；whatness)。

其實，海氏之探究「存有」的「方法」，在本質上，就是以一種基於存有者與「存有」乃具有相互呼應的關係為其「預設」。這項「預設」，並非衍生自形式論證(formal argument)的結果，而是得自於對人類存在的基本情態；有如：掛念、死亡、良心(das Gewissen；conscience)，以及時間的分析所生發的。

而，胡氏之探究「本質」──即：一般的、或單獨的形態之對象(der Gegenstand；object)，會在意識中作呈顯──的「方法」，在實質上，可以說就是倚藉歸納推廣的程序(the process of inductive generalization)，以及系統想像的變換之運用(the operation of systematic imaginative variation)⑮；亦即透過「經驗我」→「超驗我」→（歸向）純我（即：先驗自我）的還原過程，就在把握它所遴選的具體事物⑯之後，而建構知識與一切。

這一種方法，便被海氏批判為太侷限於方法本身⑰；因而，它所建構的（超驗的知識）理論，也祇是一種仍在範疇（思考）的分析下，依然對於「存有之真」盲無所知的「形質存有學」

(material and formal ontology)⊗。

　　總之，我們從海氏之批判、並且修正胡氏的哲學理論的缺失此一角度看來，應該可以判知：海氏係認定，胡氏的觀點依舊保留在柏拉圖式的(Platonic)「本質先於存在」的窠臼裡⊗。

　　就此，筆者則要指說：海氏之秉持這種一針見血的批判力，當可顯示海氏的基本存有學（方法），的確是優越於胡氏的形質存有學（理論）。

3. 詳論海氏的存在分析（詮釋學）和胡氏現象學存而不論基本的差異點，以及前者之特色

⑴　海、胡二氏哲學方法的基本差異點

　　在《存有與時間》一書的第七節中，海氏說過：
　　「我的論述（即論『存有』問題），並不同意某項立場，或者要表示任何特定的方向(die Richtung ; direction)。……『現象學』這個語詞，基本上祇意謂作一種方法學上的概念(der Methodenbegriff ; the methodological concept)。

　　　　這個語詞，並不特顯那作為哲學研究之題材的對象的本質(das Was ; whatness)，反而，是這項研究的方法過程(Wie ; how ; process)。……它袪除了我所說的專門方式(technischen Handgriff ; technical way)，儘管在理論的訓練中，甚至有些許的方式」。

　　從上述這一段的說明，應該可以看出，海氏的基本心態，係和胡氏的截然不同：他拒絕胡氏的「超越觀念論」的計劃⑩。

　　海氏説:現象學不同意某項的「立場」,是指:海氏不同意胡氏那項截然與「自然立場」格格不入的「現象學立場」。説不表示任何特定的「方向」,是指:海氏摒拒胡氏確認現象學,必然導致一種定然的方向——即「超越觀念論」。説不特顯那作為哲學探究之題材的對象的本質,是指:海氏拒受胡氏爭論「現象」,確實有一特殊的雙重題材:「超越經驗」和作為超越經驗的基礎——「超越自我」。説它袪除了我所説的專門方式,是指:海氏拒斥胡氏爭論現象學方法,必須「預設」一項特別技巧的運作——即「現象學存而不論」。

　　綜括的説,海氏並不接納胡氏的觀點,這是由於他認為:胡氏不僅已根本曲解人類的本性和「存有意義」,而且還認定一旦運用現象學還原(存而不論)的方法,便可導衍出能獲致所有預設的「絕對自由」;而這,卻是不可能之舉。因為,海氏又説:「如果我們把非世界性的我(Weltlosen Ich;the non - worldly I),當成存有學的基始,即冀求把一種與對象了無基礎的關係和對象,提供給這個我(Ich;I);那麼,它所預設(vorausgesetzt;presuppose)的,並不是太多,而是太少(Zu wenig;too little)了」⑩。

　　就此而言,我們可以得知:海氏所認定的「我」,即原始性的「我」,它應是與「世界」(Welt;world)本不可分化開來的「在世存有」(In- der - Welt -Sein;Being - in - the - world)⑩。假如我們把「自我」當成是一個獨立於外在世界的東西,而藉此去探討世界的本質(des Was;whatness;essence);那麼,這就會產生無數的問題。因為,問題即出於:我們一旦想探明世界的

究竟義理，它的前提，就必須是已經「預設」了要被證實的世界之存在。

再者，若要證實（這）世界是否存在之這個「目的」，自然也必隱涵著：到底是為了「誰」而想去作證明。而，這種情形，自然是必須歸向那能發出問題、並且想去證明這個問題的「此有」（人）本身。由而，海氏結論道：「此有」，原本就是一個在世（間）存有⑩。

其實，就海氏之發掘出「此有」這一題材，而論判胡氏的「意識之主體」，我們則應該曉得：海氏在根本上，即是把胡氏的意識之主體，當成是一個既空洞、又虛幻的抽象之物⑭。反而，發乎「此有」的「存在理解（感知）」，它才是最具體、又最基本⑮。

因為，胡氏之運用現象學還原（存而不論）而歸向「事物之本質」，它所獲致的（如依據海氏的「存有學之區分」原則而予以批判），根本上並不是什麼「純意識的事象(events)」，而是觀察者意識中的「表相」(die Erscheinung；appearance)⑯，或祇是「存有者」⑰，並非那在自身中能作自顯者——即存有者的「存有」⑱。

總之，海氏是認定：胡氏的運思方式，仍然脫離不了傳統表象式的、或範疇式的思考方式；如此，自然也遺忘了「存有之真」。所以，他才新詮「現象學」——務使「存有意義」如光(phos；light)自顯——，而且視它即為「存有學」之成立的根本⑲。

這也就是指，先將「此有」的存在現象——有如：周遭世界

(die Umwelt；environment)、共同世界(die Mitwelt；with-world)和自我世界(die Eigenwelt；self-world)的整體結構——，加以詮釋暨闡明，則所謂的「純粹自我」、「超越經驗」，或「純粹本質」這些抽象概念，也才有它落實的、具現的基礎⑩。

⑵ 海氏的詮釋學之主要特色

筆者已經提過，海氏認為：「現象學」這個語詞，基本上係意謂作一種方法學上的「概念」（運用）。這是表示，運用這種「概念」而對現象學作描述，即可獲得「現象」所呈顯的「存有意義」。

換句話說，對現象學作描述這種「描述」(Logos；description)本身，就是具有釋明(Hermēneuein)之性質的「詮釋」(die Auslegung；interpretation)本身；運用「詮釋」這種方法，以描述「此有」的基本結構，這種「此有的現象學」，就成了「詮釋學」⑪。因為，「此有」較其它的存有者，乃具有存有學上的先起性(ontologischen Vorrang；ontological priority)。

在此，我們應該知道：海氏認為「此有」之具有存有學上的先起性，這自是經由對「此有」的「存在性」，逕作分析暨詮釋而呈明的⑫。由於「此有」的「存在性」，祇在我們日常的普遍經驗中呈顯，自此也可得知，不同於胡氏之對「先驗主觀性的本質結構逕作分析」的海氏，刻正是從事著一種反向運動——亦即在對「『此有』的存有狀態之結構作分析」⑬。又，這種方法，也就是經由「現實存有的」(ontisch；ontic)角度開始，而通向「存有學的」(ontologisch；ontological)境域在作分析。

再者，論及「詮釋」這個概念的出現，當可上溯到它悠遠的歷史。就像：早在中東的希伯來宗教傳統中，便有「詮釋」聖經的學者⑭；西方的希臘神話史上，也有神諭的「詮釋」者⑮。而，到了希臘哲學期的亞里斯多德，更有《論詮釋》(Rhetoric)一書的問世⑯。而後，在第四世紀初的奧古斯丁⑰，以及十三世紀的古典語言學者、或歷史學者，則逐漸重視「詮釋學」的重要地位。

不過，真正會將「詮釋學」確立為一門「哲學」的，卻要推在十九世紀的史萊馬赫(Friedrich Ernst Daniel Schleiermacher, 1768～1834)和狄爾泰(W. Dilthey,1833～1911)這兩位。尤其，後者便強調：「人」得在他的歷史性(Geschichtlichkeit；historicality)中，以學習「理解」(verstehen；understand)自己。海氏襲取他的「理解」這個概念，但是，卻排斥狄氏之視生命(das Leben；life)為「理解」的基始性意義⑱這個內涵。因為，在他看來，狄氏逕視「生命」為「理解」的唯一基礎，乃是不明白人的「存在」(die Existenz；existence)的基本情態，以及人原是具有基本問題的(the problematic)癥結之所在⑲。

由而，海氏賦予了「理解」一種存有學的基礎⑳——即視「『此有』與『存有』生發關係」，即為一切「理解」的原始基礎㉑。就此而言，海氏的「詮釋學」，因為具有對「此有」逕作存在分析的意涵；為此，它也就成為「理解」之照明「此有」本身的一種「方法」㉒。

對於「理解」之具有存有學上的意義，海氏在《存有與時間》一書的六十三節中，曾作過凱切的說明。像他就指稱，「理

解」具有兩項特色：甲、是「理解」（本身），構成了「此有」基本的「存有」；乙、是這個「存有」，也是由「掛念」(die Sorge；care)所構成（請參閱「本論」之三）⑳。針對海氏這樣的「說明」，有人不免會作批評，說他已犯了視「存有問題」即是「存有根據」的循環(der Zirkel；cicularity)毛病（參前）。

祇是，這對海氏來說，他不認為是一件可恥之事；問題就出在於：我們該「當如何的跳進這個圈子之中」㉔。海氏又說：除非先對「此有」遂作存在分析，否則，便難以周全地概觀這「循環的存有」(Zirkelhafte Sein；the cicular Being)㉕。

筆者針對海氏這種幾近「繞圈子」的說法，也已得知，他何以要把「理解」詮譯成：具有預想要有(Vorhabe；fore-having)、預先洞見(Vorsicht；fore-sight)，以及預先料到(Vorgriff；fore-conception)這三種彼此相關的特徵的原因。

簡單的說，相應於「此有」與「存有」所具有的互屬關係，這三種特徵，可以說是共同形成了「理解」與「詮釋」之可能成立的「預設基礎」——或稱作：「詮釋學的情境」(hermeneutische Situation；hermeneutical situation)㉖。

「理解」既是以這種「詮釋學的情境」為它預設的基礎，那麼，我們自也不應或忘，這完全是由於已對「此有」此一題材作優先的奠立，才有其可能。因為，「此有」本身，原就是作為「向著眾可能性的存有」(Sein-zu-Möglichkeiten；Being-unto-possibilities)，而設計他自己的存有可能性。在「此有」設計自己的可能存有當中，他之「理解」自己原就是「一個存有可能性」(ein Seinkönnen；a possibility of Being)㉗，這種的

「『存有』理解」，便構成了一切「理解」之存有學上的原始基礎。

從而，就「此有」的存有設計的角度而言，「理解」便成為：「此有」本身之存有可能性（作設計）的存在的存有 (Verstehen ist das existenziale Sein des eigenen Seinkönnens des Daseins selbst；Understanding is the existential Being of Dasein's own potentiality - for - Being)。

再說，「此有」之作為「理解『存有』」的「可能性」，這又在表示：「此有」，乃是一個逐向「存有」開放的「揭示之域」(ein Umkreis von Offenbarkeit；the range of manifestation)，以及也是一個「某存有者逐作為現象而自顯的揭示之域」⑳。它同時更是一個「詮釋學的情境」——即經由「此有」，從事「存在結構暨詮釋的『作為』」(das existenzial - hermeneutische"Als"；the existential - hermeneutical " as ")⑳之設計——，而開顯「存有之真」暨「存有意義」的本源。

自此，我們可以結論出，海氏的詮釋學之主要特色，係呈現在：「此有」刻正對自己的「到向」(die Zukunft；future)⑳在作存有的設計（詳見「本論」之三）；而，就在這般的設計中，「此有」是因為詮釋了自己，並且闡明（他的）「存有」（意義），始奠定一切理解暨一切意義的「基礎」。

附　註：

① 海氏雖然倡言克服傳統的形上學，但是，他的本意，並不是想推翻形上學，而是要為形上學奠定「基礎」（即以「存有」來替代「存有者」之思考）。參項退結：與西洋哲學比較之下的孔孟形上學（台北，「哲學與文化」月刊，第四卷，九期，民國66年9月），頁58。

② M. Heidegger, Sein und Zeit, p.27.

③ Ibid.

④ Ibid., p.37.

⑤ Ibid., p.35 ; "Ontologie ist nur als phänomenologie moglich."

⑥ Ibid., p.38.

⑦ H. Spiegelberg, The Phenomenological Movement, p.291.

⑧ 斯氏係西洋中世紀士林哲學全盛期之晚期方濟會學派的創始者，素有「精深博士」(Doctor subtilis)之稱；思想追隨奧古斯丁，強調「自覺」乃是獲取真理的來源。參鄔昆如：西洋哲學史，頁329～330。

⑨ 項退結：現代存在思想研究，頁82。

⑩ 胡氏視人是由「意識」所構成；但是，海氏卻認為：「意識」祇是人的活動之一，反而是由人所構成。

⑪ H. Spiegelberg, op. cit., p.303.

⑫ M. Heidegger, op. cit., p.28.

⑬ The New Encyclopedia Britannica, V. 10., 1978,p.739.

⑭ "das, was sich zeigt, das Sichzeigende das offenbare."

⑮ M. Heidegger, op. cit., pp.28 & 31.

⑯ 康德視假相(der Schein ; illusion)與真相(Sein ; Being)相對立，而物自體(Ding - an - sich ; Thing - in - itself)則不可知；人所知悉的，也祇是純理性(der reinenVernunft ; pure reason)所達到的假相。項退結：前揭書，頁89。

⑰ M. Heidegger, op. cit., pp.30～31: "Erscheinung und Schein sind selbst....im Phänomen fundiert."

⑱　Ibid, p.32.

⑲　Ibid.

⑳　Der Logos läßt etwas sehen (phainesthai).

㉑　M. Heidegger, op. cit., p.34.

㉒　M. Heidegger, Ibid.；另參項退結：現代存在思想研究。

㉓　項退結編譯：西洋哲學辭典，頁314。

㉔　鄔昆如：現象學論文集，頁4～5。

㉕　James M. Edie, ed., Phenomenology in America, p.143.

㉖　笛氏的「方法懷疑」，即是把知識的衡量尺度，定位在「清晰與明
　　瞭的觀念」(Idea cleara et distincta ; clear and distinct idea)上；而，
　　這乃以作為主體(Subject ; subject)的我思(cogito ; I think)、我懷疑
　　(dubito ; I doubt) 為 其 基 礎。參Marvin Farber, The Aims of
　　Phemonenology (N. Y. : Harper Torchbooks, 1966), p.63.

㉗　William P. Alston & George Nakhnikian, eds.,Readings in Twentieth
　　- Century Philosophy, p.682.

㉘　休謨的《人性論》(A Treatise on Human Nature)，被胡氏當成是：
　　「現象學的第一項計劃大綱」。因為，胡氏認為：休謨從心理分析
　　所把握到的「印象」，它乃是客體存在的唯一根據；而，這可啟發
　　了胡氏之視「現象即是本體」的見解。參鄔昆如：前揭書，頁138～
　　139。

㉙　The New Encyclopedia Britannica, V. 14. p.273.

㉚　鄔昆如：前揭書，頁5。

㉛　布氏系一理則學家，以亞里斯多德和萊布尼茲(G. W. Leibniz,1646～
　　1716)為思考憑藉（項退結編譯：前揭書，頁609）。布氏為胡氏的數
　　學老師，曾影響胡氏的《邏輯研究》(Logische Untersuchungen,
　　Halle,1900～1901)一書的觀點（參鄔昆如：前揭書，頁55）。

㉜　布氏得自亞里斯多德的「目的」(telos ; end)概念之靈感，而提出
　　「意向性」（具有思想針對某物的意義），以反對康德思想。因
　　為，他自精神現象出發，經過意向的對象而達到實在界的客體，並
　　且固執客體的實在性；這自與視「物自體」為不可知的康德思想，
　　大相逕庭。（參鄭重信：存在哲學與其教育思想，頁11）。

㉝　史氏以心理學的分析手法，衍得出人類的知識，乃是源自於心理的

「意識」；這則影響了胡氏之對「意向性」的解析（參鄔昆如：存在主義真象，台北，幼獅文化，民國64年，頁191）。

㉞ F. Patka, ed., Existentialist Thinkers and Thought,p.98；另參P. venaz, What is Phenomenology ? p.41.

㉟ 沈清松：現象學與解釋學之比較（台北，「哲學與文化」月刊，第四卷，九期，民國66年），頁11。

㊱ 鄔昆如：前揭書，頁94。

㊲ 項退結編譯：前揭書，頁104～107、588～589。

㊳ Otto Samuel : A Foundation of Ontology,p.113；另參鄺錦倫：黑格爾與存有論證（台大哲研所，民國68年6月），頁41～42。

㊴ 鄔昆如：現象學論文集，頁150～152。

㊵ P. Thévenaz, op. cit., p.41；另參項退結編譯：前揭書，頁314。

㊶ Roger Troisfontaines S. J., Existentialism and Christian Thought (London : Adam & Charles Black, 4、5 & 6 Soho Square, 1949), p.11.

㊷ 項退結編譯：前揭書，頁314。

㊸ P. Thévenaz, op. cit., p.42.

㊹ Ibid.,p.48；另參鄔昆如：前揭書，頁117、119、214、218、219。

㊺ H. J. Blackham, Six Existentialist Thinkers (New York: Harper & Row Publishers, 1959),p.87；另參蔡美麗：海德格「存有」概念初探（台大哲研所，民國58年），頁73。

㊻ 項退結編譯：前揭書，頁314。

㊼ 同上。

㊽ W. Stegmüller, Main Currents in Contemporary German,British and American Philosophy, p.135.

㊾ J. M. Spier, Christianity and Existentialism, p.27.

㊿ 鄔昆如：前揭書，頁7。

(51) P. Thévenaz, op. cit., p.46.

(52) Ibid., p.43.

(53) 鄔昆如：前揭書，頁115～118、282。

(54) P. Thévenaz, op. cit., p.44.

(55) 鄔昆如：前揭書，頁5～6、282；另參沈清松：前揭文，頁19。

(56) Richard Schacht, Hegel and After (U.S.A. : University of Pittsburgh

Press, 1977),p.211；F. Patka, op. cit.,pp.98～99；以及項退結編譯：前揭書，頁314。

(57) 鄔昆如：前揭書，頁60；另參M. Heidegger, Sein und Zeit,pp.35、38。

(58) E. Husserl, op. cit.,pp.62～63；P. Thevenaz, op. cit., p.48.

(59) 鄔昆如：前揭書，頁35。

(60) P. Thévenaz, op. cit.,pp.48、51；另參鄭重信：前揭書，頁11～12。

(61) 鄔昆如：前揭書，頁254。

(62) 同上，頁59、255；胡氏主張：「存在即意識」，然而海氏，則認為：「存在即時間」。

(63) 鄭重信：前揭書，頁11。

(64) Maurice Roche, Phenomenology, Language and the Social Sciences (ed. by John Rex；U.S.A.：International Library of Sociology), p. 10；另參P. Thévenaz, op. cit., p.48.

(65) P. Thévenaz, op. cit., p.50.

(66) Ibid.

(67) Ibid.

(68) Ibid., pp.42～43；另參W. T. Jones, The Twentieth Century to Wittegenstein & Sartre, 2nd. (New York：Harcourt Brace Jovanovich, 1975), p.286.

(69) 鄔昆如：西洋哲學史，頁574～585；另參P. Thévenaz, op.cit., pp. 19～20.

(70) W. Stegmüller, op. cit., p.135.

(71) M. Heidegger, op. cit., p.312.

(72) The New Encyclopedia Britannica, Vol. 5. p.739.

(73) W. Stegmüller, op. cit., p.135.

(74) Marvin Farber, op. cit., p.61.

(75) M. Heidegger, op. cit., pp.38、67、147.

(76) Ibid.,p.158；這種詮析，亦稱作：「存在結構暨詮釋學的」(das existenzial - hermeneutische)分析。

(77) Ibid.,p.40；海氏之重視「存在」，卻被胡氏視為「開倒車」的問題之設定(F. Copleston S. J., Contemporary Philosophy,p.145；參鄭重

信：前揭書，頁12)。

⑦⑧ Ibid., 第一篇2〜6章，以及第二篇第1章。

⑦⑨ Ibid., p.147.

⑧⓪ J. Collins, The Existentialists (U. S. A. : Seventh Gateway Printing, 1968), p.196.

⑧① W. Stegmüler, op. cit., p.136.

⑧② James M. Edie, ed., An Immitation to Phenomenology(Chicago : Quadrangle Books, 1965), p.243.

⑧③ J. Collins, op.cit., pp.196〜197 ; P. Thévenaz, op.cit., p.57 ；以及F. Patka, op. cit., p.110.

⑧④ M. Heidegger, op. cit., pp.35〜37.

⑧⑤ Ibid., p.36；另參S. Rosen, Nihilism, p.36.

⑧⑥ A. Robert Caponigri, Philosophy from the Age of Positivism to the Age of Analysis, p.266.

⑧⑦ M. Heidegger, op. cit.,pp.34〜35；海氏認為：現象學的「現象」，祇須直接解明與檢視，而無須（胡氏的）「描述現象學」(deskriptive Phänomenologie ; descriptive Phanomenology)。因為，這個語詞，已犯了同語反覆的(tautalogische ; tautalogical)毛病。

⑧⑧ Ibid., pp.37〜38 ; P. Thévenaz, op. cit., p.56.

⑧⑨ M. Heidegger, op. cit., p.38.

⑨⓪ Ibid.

⑨① R. Schacht, op. cit., p.208.

⑨② F. Copleston S. J., op. cit., pp.144〜145.

⑨③ M. Heidegger, op. cit.,pp.34〜35；另參沈信一：海德格思想研究（台大哲研所，民國61年6月），頁56。

⑨④ A. Robert Caponigri, op. cit., p.266.

⑨⑤ 沈清松：前揭文，頁14。

⑨⑥ H. J. Blackham, op. cit., pp.87〜88.

⑨⑦ W. P. Alston & G. Nakhnikian, eds., op. cit., p.689.

⑨⑧ 所謂「形質存有學」，是指：胡氏認為，探討「純意識」（純我）與「純對象」（純物），必然涉指到存有學的範疇；故而，得採用傳統的「形質說」(Hylo-morphismus ; Hylo-morphism)，以把握

主、客體原始的合一狀態。「形質說」的內容,是:所謂「能思」的對象(物),就是「質料」,它必須等待「意識」賦予「形式」,而才得以存在。至於胡氏,則認為:在主、客體未分化的原始意境裡,它乃具有先於存在之存在形式的實存的潛能(Potentiell;potentiality);而,這無限潛能的究極「存在」,便是一切存在的最後基礎。這,即是胡氏「形質存有學」的論點(參鄔昆如:現象學論文集,頁214;另參雷登·貝克:存在主義與心理分析,頁52)。

⑨⑨ S. Rosen:op. cit.,p.36;另見唐君毅:述海德格之存在哲學,轉引《存在主義與人生哲學》,頁41。

⑩⑩ R. Schacht, op. cit., p.220.

⑩① M. Heidegger, op. cit., pp.315~316.

⑩② Ibid., 第一篇第二章。

⑩③ W. P. Alston & G. Nakhnikina, eds., op. cit.,pp.682~683.

⑩④ R. Schacht, op. cit., pp.220~222.

⑩⑤ M. Heidegger, op. cit., p.147 ; "die Phänomenologische Wesensschau grundet im existenzialen Verstehen".

⑩⑥ R. Schacht., op. cit., p.221.

⑩⑦ Ibid.,另參W. T, Jones, op. cit., p.35.

⑩⑧ R. Schacht, op. cit., p.222 ; M. Heidegger, op.cit., pp.31~36.

⑩⑨ M. Heidegger, op. cit., p.35.

⑩⑩ R. Schacht, op. cit., p.222.

⑪⑪ M. Heidegger, op. cit., pp.37~38.

⑪② Ibid.

⑪③ R. Schacht, op. cit.,p.223,海氏的這種分析法,即指:「基本存有學的存在探討」(die vorliegende fundamental ontologische Untersuchung ; the existential study of the fundamental ontology),或可稱作是:人的「存在分析」,而有別於心理學家賓斯·汪格(L. Bins Wanger,二十世紀)所發展的「存在分析」。賓氏則將海氏的「存有分析」,定義成:「對人之存在於世的存有,其先驗、或超驗的構造,作哲學的暨現象學的解析」;而把他的「存在分析」,界定作:「對人的存在之實際方式與整體的經驗,作現象的暨科學的分析」。參閱雷登·貝克:存在主義與心理分析,頁61~62。

⑭　H. Spiegelberg, op. cit., p.323.

⑮　沈清松：前揭文，頁12。

⑯　M. Heidegger, op. cit.,p.138：亞氏之《論詮釋》、或作：《論語句及判斷》(Peri Hermeneias)一書，係談論語言和指謂的問題——即談述命題之藉詞語的指意作用，以把握實在界的真象。這部著作，被公認是第一部有系統解釋「存有」與彼此「存有」之日常性的作品（參鄔昆如：西洋哲學史，頁147）。

⑰　奧氏著述的《論基督教義》(Doctrina Christina)，則論到有關符號與指意——即作為「解釋」的哲學基礎——的理論。

⑱　M. Heidegger, op. cit., pp.46、398.

⑲　W. Stegmüller, op. cit.,pp.145～146；由於狄氏著重直觀及審美(aesthetic)要求的滿足，他自是強調生命與理解，而建立了他的精神科學的認識論（即：解釋學）。這個理論的三大原則，是：
　(1)歷史是自覺的；
　(2)理論與說明(Erklaren ; explanation)不同，它不是理性的功能，不過，卻包括了心靈一切的情感和精神力量；
　(3)「理解」才是生命與生命的交流。
　　　　由而，狄氏便發展他那相對的「歷史世界觀」：這則影響了海氏不少〔參波亨斯基著·郭博文譯：當代歐洲哲學（台北，協志工業叢書，民國58年），頁93～94〕。

⑳　I. M. Bochénski, Contemporary European Philosophy,頁163.

㉑　M. Heidegger, op. cit., pp.148、153.

㉒　Ibid., p.398 ; "Die Hermeneutik ist die Selbstauklärung dieses Verstehens...".

㉓　Ibid., p.135.

㉔　Ibid.

㉕　Ibid.

㉖　Ibid., pp.150、232；另參H. Spiegelberg, op. cit.,p.324.

㉗　Ibid., p.148.

㉘　P. Thévenaz, op. cit., p.58.

㉙　M. Heidegger, op. cit., pp.151、158.

㉚　Ibid., p.350.

三、海氏對「此有」以及完成「此有」（存在）意義之「死亡」的存在分析

在前一單元裡，筆者曾經提到：「此有」，是呈顯作向「存有可能性」開放的「揭示之域」，並且也成為可以開顯「存有之真」，以及呈示「存有意義」的唯一本源。

這是涵指，唯有本身作為具有「意義」①的「此有」，之與（自己的）「存有」生發（互屬的）關係，而且能對自己的存有可能性，遂作（到向的）存在的設計時，一切的理解、詮釋或意義，才有它可能成立的「基礎」。

由於「此有」與「存有」的關係之生發，是在「存在」(die Existenz ; existence)之中敞現②，因而可以說：祇有「此有」本身在他的眾可能性中，對「存有」採取立場，他才可以使「存有」成為自己的「存有」③。就此而言，海氏的這種「存在觀」，委實與祁克果那種深受古老哲學以及黑格爾影響的現實存有的(ontisch)存在觀不同④，而且，更與胡塞爾之歸向「意識」以探討「存在」的論點有異。因為，海氏的「存在觀」，基本上，是建立在「存在結構的暨詮釋學的」(das existenzial-hermeneutische ; existential - hermeneutical)分析上。

為此，便可以指稱：海氏論述的「存在」，乃是「存有學」(ontologische ; ontological)——即「存有」理解——之意義上的「存在」，也即是可以作為「存在分析」(die existenziale analytik ; existential analysis)之題材的「存在」。

在「本論」之二裡，筆者也談到，海氏係把「存在」詮釋作「可能性」。這是表明，「此有」即是一個（能）開示自己的可能性，也是一個在世間(Welt；world)以呈顯自己存有的可能性。因而，這可能開示自己的「此有」，便不可將他比附作自我(Selbst；self)，或是孤立於世界之外的一個主體(das Subjekt；subject)。因為，他乃時時在變化自我，為了履現自己、決定自己、設計自己而一直在超越自己；並且，企使自己成為「存有意義」的示現者⑤。

所以，在《論人文主義》(on Humanism, 1947)一書之中，海氏甚至把「存在」(die Existenz)，理解成「（超）出—（存）在」(EK -sistenz)，用以表示：「此有」為著自己的存有可能性，乃可以「站出」(standing out)自己，「走出自己」，而且也設計他自己「到向的」(zukünftig；futural)存有⑥。

我們對於這一種的論調，應該可以清楚的瞭解：何以海氏要拒絕沙特曾給予他的一個封號——無神論的存在主義者；以及海湟曼(Heineimann，二十世紀)之指稱他——係以一個「超在主義者的姿態重新崛起」的根本原因⑦。

海氏雖然逡視「此有」之存在（有）於世，即是一個敞向「存有」之祕的「存在」⑧；但是，這卻不可作成下述的理解：「此有」創造了「存有」⑨。反而是：「此有」可以從「自然界」站出——即被「存有」任命而站在「存在」之外——，而去守護「存有」，揭示「存有」，並且也作為「存有」的牧者。因為，本身即是「自由」⑩的「存在」——即「此有」，他原本就是一處「存有」的位所⑪。

這也就是指，祇要「此有」開放了，他就和「存有」建立了一項「自由」的關係；而，祇要「此有」一開向「存有」，「存有」便有機會在「人」之中履現出來⑫。

其實，對海氏而言，「存有」一旦履現了，它總是以交融互攝的方式，呈顯出兩種的「模式」（或：兩種「可能性」）：即「純真的存有可能性」，以及「非純真的存有可能性」。因為，所謂的「存有」，原本就是「此有」的「存有」；而「此有」本身，又是一種「可能性」（因為，「存在」就是「可能性」）。

因而，與自己的「存有」生發「自由」之開放關係的這個「此有」，就在設計他自己之時，也便是在選擇他自己的可能性——若不是贏取了自己，就是喪失了自己⑬。而，贏取了自己，便開顯出自己的「純真的存有可能性」；不然，就是呈示出自己「非純真的存有可能性」。

所以，既然這兩種的「模式」，經常是以互屬的關係（姿態）出現，我們因此可知，海氏的看法，根本上就是認定：所謂的「純真的存有可能性」，也祇不過是「非純真的存有可能性」的改變；因為，後者始終秉具著「先起性」(Priority)⑭。

說來，這兩者，一為「先起的」、另一為「後起的」，而且又彼此相屬，這應是表示：這兩者，都是以「此有」的「每一自我性」(Jemeinigkeit; mineness)為其根基⑮。因而，我們便可看出，海氏一向主張的人的實體、或自立體(die Substanz; substance)，也便是繫於人之對自己的「存有」，能採取選擇態度的「存在」⑯。

再者，「此有」之選擇自己的「存有」，他自當要涉及「此

有」之對「存有」的理解（參「本論」之二）。而，有關「理解」的這個存在性徵，我們也曾經提過：「理解」，係基於「此有」逕往「到向」（按：未來）作設計而生發的。由於「此有」逕往「存有」作設計，他才能理解「存有」的「意義」，並且也開顯出諸般的「存有可能性」。

這裡，所謂的可以「理解」存有的意義，即是表示：「此有」，可以把握自己存在的全體性(die Ganzheit；totality)。因為，所謂「存有」的「意義」，當是由「存有者的全體性」這總體現象而開顯出的（參「本論」之一）。

又，就在「此有」的存在全體性中，它（後者）可包括了一種既（能）限制(begrenzt；limit)、又決定(bestimmt；determine)那完成「此有」之全體可能性的「可能性」：「死亡」的可能性⑰。海氏認為：除非我們能將這個「此有」的不可能存有的「可能性」，當成是存有在世的存在現象而予以分析，並且使之「隸屬於自己」；不然，便無法通盤地、又周全地理解自己之「在此」(Da；there)存有的全體意義。

於是，就分析「死亡」而言，它基本的前提，應該就是：要先對自己的「死亡」作出預期⑱；然後，再把「死亡」當成是個人內在有機整體(organic unity)的一種存有可能性而加以詮析，而並不是去對一般人的「死亡」逕作一般性的討論⑲。如此，始可能把握住「死亡」的真正蘊義。

對於海氏的這種說法，當代心理學界的「意義治療學」(Logotherapy)之創建者——弗朗格(Viktor E. Frankl，二十世紀)，便加以引申說：海氏的分析之前提預設，可擺脫不了對於

「人」要作先於存有學的(pre -ontological)詮釋；亦即詮釋人乃是具有求取意義的意志(will-to -meaning)之情境。這也就是説，人先要有求取「意義」的意念；如此，人性的完善（即存在的全體性），才有可能實現⑳。

然而，在此，我們理當分辨的是，弗氏的觀點即是在強調：所謂的「存在」之超越自己（即：不作自己），也就是獲取存在「意義」的唯一媒介。這個「意義」，可不能和「存有」相混淆；這個「意義」，可超越了「存有」之上——即指：「意義（能）引導存有」之意㉑。然而，海氏卻是著重：就存有學的角度而言，可以説，一般人大多遺忘了「存有」；亦即多對「存有意義」不清楚。所以，如今才需要一種能夠解明「意義」的詮釋學；因此，存有的問題（如對海氏而言），當是優先於意義的問題㉒。

我們姑且不論，弗氏究竟是如何的受到海氏的影響；從而，便把海氏的「存有」問題，引向「意義」該課題的探討，並且更將它應用在心理學的「治療」上㉓。但是，有一件必須指出的事是，弗氏也同海氏一樣地認為：「死亡」與「罪惡」，可就是人類當前存在情境的主要現象之一。前者，呈示了人（生）的「無常（性）」；後者，則呈顯出人的「墮落」之事實㉔。

就因為有了「死亡」，人（此有）才隨時可能抵達他自身的結束(des Ende ; end)；由而，便逼顯出「此有」的有限性(die Endlichkeit ; finiteness)。

就此而言，海氏之存在分析的主要性格，便在這裡徹底的呈現：「此有」預期自己的「死」，而且接納了自己的「有限

性」，並透過自己存有的全體可能性——「掛念」(die Sorge；
care)——，去分析暨詮釋自己的存有特性，他才能夠呈顯出自
身的「存有之真」暨「存有之全」。就像在《存有與時間》一書
裡，海氏便指稱：作為「此有」之存有全體性的「掛念」，即是
掌握那構成「此有」的存有可能性之一——即：「死亡」現
象——的基礎。而，這基礎的「意義」，在存有學上，則可以理
解成：「此有」的「時間性」(die Zeitlichkeit；temporality)㉕。

　　由以上的論述，我們應可清楚的瞭解：海氏是想把理解「死
亡」之可能性的可能基礎，推向於逐對「此有」自身（有限）的
時間性的詮解上㉖。而，就在這種推向於理解「此有」此一題材
的運動中，它即已呈示：「此有」的「存有」，無非是「一個有
限、又秉具時間性的存有」㉗；「此有」原本就是一個「通到死
亡的存有」(Sein-zum-Tode；Being-unto-death)㉘。

　　是以，我們終可推出：海氏之所以重視「死亡」的分析，他
最終的指向，就是要分析「此有」自身之在世存有的「時間
性」；亦即經由「死亡」——即向每個個人逼近而來的「可能
性」——之向我們（即包括你、我、他之每個個人）所呈顯出來
的「意義」㉙，而去究詰（自己的）「存有」本身，並且來照明
「存有」本身。

(一)　作為「此有」之存有全體性——「掛念」，
　　　把握「此有」係一「到死之存有」

　　　1.「此有」的基本情態——「在世存有」之特質

甲、

在《存有與時間》一書的第十八節中，海氏説道：「理解在世存有，係屬於理解「存有」的本質內容」（…zum Wesenhaften Bestand seines Seinsverständnisses… ; to understand Being - in - the - world belongs to the essential content of its understanding of Being)。關於這樣的稱述，筆者認為，它即在涵指：對「存有」之本質意義的揭明，當有賴於「此有」的「日常性」(die Alltäglichkeit ; everydayness)這全盤界域的開顯㉚。

又，由於海氏的「此有」本身，即會自顯成一個「在情境中的存有」(being - in - a -situation)㉛；因此，「此有」的本質(Wesen ; essence)，便可以説，是由「此有」自身所開顯出的「意境」(Lage ; situation)。

然則，對於海氏的這種觀點，雅斯培(K.Jaspers, 1883～1969)卻不這樣認為；雅氏表示：人的存在，應該不衹是指謂「在世存有」，而是也涵指著：「人的存有之自由」(man's (freedom of being)。也就是説，人之作為自己，便可以實現他在世存有的自由。針對雅氏這樣的補充，筆者認為，雅氏應該是把「人」當成一個存在的主體、或思考的主體；而且又把人的「存在」，詮釋成能聚焦一切實在(reality)的主體之自由㉜。

其實，海氏之把「人」詮解作「在世存有」，這種「在世存有」的特質，應有別於雅氏主張的「在世存有」那種意義。因為，對海氏而言，「在世存有」即是一個有機整體，是存有學上

所謂不可分化的一個總體現象(einheitliches Phänomen；integrated phenomenon)⑳。這個「總體現象」，則把存有在世的「此有」，揭示成：一個向「存有」（畛域）開放的「開放的存有」。而，這裡所說的「存有」，也就是「此有」的「存有境界」。

至於「此有」向「存有」開放的所在，筆者在先前也曾經提過，它就是：「此有」的「存在」，就是「此有」本身。不過，在這裡卻要指出：這個「存在」，已經表明「此有」之與「世界」㉞的關係。祇是，這個「世界」，並不是指涉（這）現實存有的客觀世界，而是涵指最先在「此有」之存在設計的徑向上所開顯出的「境界」——亦即「此有」為了選擇自我，而在「止於何處」(Wohin - sein；where to be)的存有模式（樣態）上所開展出來的「意義」。

原因是：就「此有」的設計自己而言，他素來關心的指向——「何處」，便已呈示出「此有」存在的歸向。「此有」一旦選定了自己的「歸向」，他當下就可以開啟自身之對「存有」逕作理解的徑向。

所以說，在這「歸向」的路徑上所呈顯的「何處」，因而，便成為「世界（或：境界、意境）組織」的「現象」。為此，我們可以得知，所謂的「世界」的原始真相，若對海氏而言，它可不是（諸）事物向我作直接呈現的資料(given of datum)，而是「此有」自身在設計自己的可能性時所（同步）開展出的「情境」。這個「情境」，也可以說，就是「此有」的心境所呈示出的「意義世界」。因而，它必先起於個別的事實世界㉟。

剛才說過，「此有」和「存有」生發關係，是繫賴於「此有」的（現）「在」於世。但是，這種（現）在（於）世的「在」(in)的性徵，卻不可以把它當成有如在世間中、或在諸般手前存有者所佔據的物理位置的「在」來理解；反而是，應該把它指涉成：「此有」之在世間中的存有狀態。有如：我停留於(Ich bin gewohnt… ; I reside in…)、熟習於(vertraut mit… ; familiar with…)、我關心著(Ich pflege… ; I look after…)……的事態(Bewandtnis ; involvement)等㊱。

所以，「在世」的意思，是指：我停留世間，我習於這樣的世界。我，並不是一個孤立的存有者，也不是可以任意和世界生發關係、或不生發關係，而是必然要與世界生發關係的「我」㊲。

至於和世界生發關係，它的模式，計有兩種：

一、是和另一個同時作為「此有」（他人）的關係，可稱作是：「關切」(die Fürsorge ; take care of)；

二、是和不是此有的存有者（事、物）之關係，則叫做：「照料」(Bersorgen ; concern about)。

這兩種關係模式的成立基礎，即繫賴於存在的「理解」㊳。不過，由於「理解」，可以構成「此有」的基本「存有」（參「本論」之二）；因此，「此有」所開展的（存有）「世界」，不僅可以說是一個永遠「屬己而又可親近的環境」(eigene und nächste Umwelt ; the most his own and near environment)㊴，而且也可以說是，「此有」之超越存在的自我而進入的世界(ek - sistent into the world)。

　　既然海氏的「世界」，是「此有」發乎「理解」所照料的「世界」，這自是表明：「此有」勢必要與日常的事物——「存有者」——相遇。而，對於所遭遇的存有者之理解，海氏是透過它的手前性(Vorhandenheit；presence - at - hand)之特質——「及手性」(Zuhandenheit；readiness - to - hand)——來詮釋。

　　這個「手前性」，就是指：工具(Zeug；equipment)的用途(die Verwendung；use)。既然海氏的「世界」，即是「意義」所構成的世界；那麼，這個「意義世界」，因而可以說，也是「此有」發現存有者之可用性——即「意義」的一種模式——，而形成的世界的「世界性(Weltlichkeit；worldliness)之組織」。或許，還可以稱它作：由「工具」的意義所形成的一個「存有界域」；或：「此有」（作為超越者）的存有的「關係之結構」(relational structure)；或：「此有的設計」(project of Dasein)⑩。

　　再者，「工具」雖然能夠倚藉呈顯自己的（及手性之）可用性，以形成「此有」所照料的「世界」；但是，若就它本身的自顯而被「發現」來說，能夠被發現出來的，當然是指「此有」。這也就是指，對於工具的「為何」(Warum；why)（被）使用，以及「如何」(Wie；how)使用的關係之奠定，應當要以「此有」自身的「存在」可能性之履現為其先決條件；亦即要以「此有」之選定(verweisen；assign)自己所呈顯出來的「存有境界」作⑪為它主要的前提。

　　所以，我們由此可知：所謂的「存有者」之手前性、或及手性的成立基礎，可以說，即是繫賴於：從「此有」的存在心境所發生的關注(die Umsicht；circumspection)的意向⑫。因為，除非

心境作了自我開示，否則，「此有」的自我超越，便無法呈顯出一個能先在於物質性的總體界，或者一個先在於由科技以及具有價值論的屬性(axiological predicates)，而界定成的實用界之「存有的境界」。

因此，海氏的「存有境界觀」，可以說完全未沾上如撒姆爾(O. Samuel，二十世紀)所評論的：已涉指著「神學上的世界觀」的問題㊸；以及也涉論到一個和彼世有所對立的「此世」──「這物質的世界」的問題㊹。

儘管如此，我們仍應進一步的注意：海氏究竟是怎樣來涉理他的「世界」？海氏曾經自承：「此有」一旦設計了一個「世界」，他就可能陷進這個「世界」之中㊺。這是指：「此有」是依據客觀世界的自然主義系統(naturalistic system)──即指自然事物的總體觀，以及個人的觀念主義體系(personalistic idealistic system)──、或個人的絕對思想範域之限制與條件，在「理解」設計。於是，就此而言，「在世存有」的存在的自由行動，因此會受制於一種必然性：即受制於他自己㊻。

不過，由於「此有」可以明白這種「必然性」，即是他自身「關係結構」（參前）的一部分；所以，他也能夠瞭解：「關切的關係」，在基始上，可說是能協助個人自由設定他自己的計劃之另一種「掛念」的純真形式㊼。

故而，由此推斷，海氏的觀點，可和祁克果(S. Kierkegaard, 1813～1855)有幾分的相似，即認為：人若要獲得世界，他就會喪失在世界之中㊽。除非已超越了強調存有者之功利性的實用主義──以「科學」為代表──，人類才可以獲致純真的存在意義

㊾。

為此，我們也可以揣測，在基始上即強調「存有學」（「存有」理解）的海氏，他之論判科學的成立原因，必定是奠基於下述這樣認知：「科學」，祇不過是「此有」在存有學上的一項決定的結果；科學，祇是為了現存的「此有」（人）而存在㊿。原因是，科學一旦存在於世，它便得預設人的「存在」——即人的本質。又，這作為能夠開顯存有者（包括科學在內）的「存在」，它並不是「意識」，而是促使「意識」之所以可能產生「在此」的存在(51)。

總之，筆者仍然要說：海氏的「此有」之與其它存有者會產生關係的情況，即是端繫於「此有」本身，之和自己的「存在」（可能性）生發關係此一基礎(52)。

以上，已提到「在世存有」之「在」與「世」的存有意義，以及「在世」與「此有」之「存在」的關係。以下，則擬論述：這「在世存有」的本質（也是一個「共同存有」）暨特性。

乙、

前面曾經提過，「此有」本身一旦開放，這才發現「工具」的及手性意義。而，對於「他人」而言，作為「此有」的他們，也是在選定以及使用工具。就此，海氏便指說：他人，也是(auch；also)一同(mit；with)被我們所發現。所謂的「一同」，是表示：具有「此有」的性徵；所謂的「也是」，則是表示：「他人」也是（身為一個在作）共同關注與照料的「在世存有」。

由而，海氏便認定：「此有」之存有在世的「世」，乃是一個「共同世界」(mitwelt ; with -world)㊳。而，「此有」的自我設計，在本質上，因此就必然蘊涵也作為「共同存有」(mit - Sein ; Being - with)之他人的理解㊴。

前面曾提到，「此有」一旦理解「存在」、或想把握「意義世界」，他就有可能喪失在世界中。在此，這個「世界」，也是可以從具有普通人的「一般性」(die Durchschnittlichkeit ; average)㊵的人們世界中而作理解。誠如海氏所說的，每個「此有」，一旦想在這個人們世界中而作理解、或作設計，下述的這件事實就很可能會發生：「每個人都成為他人，而不是自己」(Jeder ist der andere und keiner er selbst ; Everybody is to be the other and not himself)。

原因是，陷身在「人們」之中的每個「此有」，總是在依附「他人」，根本上就成了「人們自我」(das Man selbst ; the they-self)，而不是「此有」的自我。它原本就是一個「蒙蔽者」(Verdeckungen ; the concealed)，甚至是（個）「無人」(das Niemand ; the ＂nobody＂)㊶。

就此，筆者認為，海氏自探討「在世存有」的本質之後，接而，凸顯出「無人」這個觀點，這應已呈示：海氏對於人類，尤其對於當代在工業社會影響下的人際結構——人經常以他人導向(other directedness)，來作測度自己的規準——，有它深邃的洞察㊷；亦即詮明出：凡作為他人導向的存有者，都是一個「非純真的存有者」。不過，筆者仍要指出，海氏的這個觀點的卓越處，卻是注意到下述此項的論點：在陷溺情況中的存有者，必須

首先發現到自己(muβ sich erst finden ; must find himself first)。

　　海氏的這項論點的意思，是：作為「人們自我」的「此有」，一旦發現了自己，他就當下呈現出自己純真自我(eigentliches Selbst ; authentic self)的可能性，同時也當下揭示出「無人」此一假相的虛無。

　　所以，海氏歸結地說：純真的「自我存有」，並非基於一種主體的暨脫離人們的非常狀態，而是逕對「人們自我」所作的「存在變更」(existenzielle Modifikation ; existential modification)[58]。

　　又，在此，筆者則想說明：海氏之提出「純真自我」的理念，應該是相應於對「人們自我」已隱蔽了「我們必定會死」(We must die！)這件事實的揭露，始能獲致純真存有的意義之認識。然而，單就這項觀點而論，海氏則頗類似祁克果與雅斯培的見解，即認為：有人一旦邂逅了「界限情境」，尤其，面對自己最後的「死」，他便必須作存在的變更[59]。

　　可是，馬丁·布柏(Martin Buber,1878～1965)卻對海氏有所批判，他說：海氏由於視個人──這個「此有」──在本身之中即具有「人」的本質，從而認為，個人應含括一種能自作「決斷自我」(resolved self)的可能性；這種的思想特徵，其實，根本就是一個封閉的系統(closed system)，而不像祁克果，雖然重視「成為獨一者」(to become a Single One)，但是，仍舊預設了人與神的關係，而可算作是一個開放的系統(open system)[60]。

　　就此，我們若來揣摩布柏的心意，想必他會作這樣的認定：祁氏之強調「獨一者」，這乃是一種有所為的(for something)思

想；因為，若能追求它，人便有可能昇進與絕對者生發關係的境界中。不過，對海氏而言，實情卻不是如此。海氏的「此有」的本質，雖可說是「存在」自我的一種開展；但是，它卻一無(nothing)所圖。充其量，也祇可說僅是為了(for)他自身一種可能（性）的存在㉛。

布柏接著又評論說，祁氏曾強調：每個人在實質上，祇「應該」(should)教導自己能與自己作言談㉜；然則海氏，卻捨「應該」之途，而逕稱：每個人在本質上，祇「能夠」(can)和他自身作交談。從而，海氏之自承，個人可以和他人作交談，這種「實質的」（必然）關係，可就產生了問題㉝。

至於筆者對布柏之批判海氏而力捧祁氏的看法，是：就現實存有的哲學人類學的角度，尤其，就西洋傳統神學的角度而言，馬丁・布柏之責難海氏的觀點有所狹窄，應當是有他論述的一番道理。祇是，若從海氏之強調人要正視「存有」、思考「存有」，並理解「存有」這個角度而論，海氏自然會主張：他的「系統」，或是一種封閉的、或是一項開放的可不重要；反而重要的是，人應當（想到）怎樣去把握「存有意義」，呈示「存有之真」，俾使一切的「理解」能有它應有的原始基礎。

而，這可以說是已經針對布柏的批判，在作一項先於理論的、即現象學暨存有學的解答。

總括以上所述，我們似應可以結論出：海氏的「此有」的基本情態，即「在世存有」的特質，有如是以光(die Lichtung；light)之四射的現象而作自我顯示。因為，「此有」原本就是他自身的開顯(Das Dasein ist seine Erschlossenheit；Dasein is his disclosedness)。又，「此有」基於開顯(aletheia；disclo-sedness)的特性⑭，他就可同時克服自己的無性(die Nichtigkeit；nullness)⑮，並且把自己可能的「死」納入設計——即：作對拋(Ent -wurf；project)——，而將「意義」賦予蠻無「人味」的存有者。由而，才可以稱述：「此有」由於本身能作自顯，他便可以開展出一個既屬本然的、又為自己的純真世界。

因此，「存有之真」便有它應有的本然定位⑯；而且，它亦能呈現出：思考「存有」，始是獲致光以及愉悅(das Heitere；joy) 之 感 ，而 終 能 安 抵 個 人 真 正 的 家 園(die Heimat；dieWohnung；home)的本源⑰。

(1)「此有」的存有特性

在先前，筆者已略微提過，基於思考「存有」，人所把握到的「此有」的存有全體性，便是「掛念」。這個「掛念」，若就「此有」的「存在」而言，它即是「此有」之在此(da；there)的存有意義。至於為了要呈示「掛念」的特性，海氏則曾經表詮：心境（state of mind；或：發現die Befindlichkeit；discovery)、理解(Verstehen；understanding)和言談(die Rede；discourse)這三項性徵，乃能呈示「掛念」的本質。

這卻是怎麼說的呢？它的原因是：這三而一的樣態——其實，「心境」要算最為原始，「理解」與「言談」祇是心境的反映；因而，歸結的說：「掛念」的呈示之所在，即在於「心境」——，原本就是「在此(da)的存在結構」(dis existenziale Konstitution des Das；the existential constitution of the "there")

⑥；原本就是「此有」（在世存有）開顯「存有」(…Erschlo-
ssenheit, Ihr Sein ; the disclosedness of his Being)的形成因⑥；
以及原本就是「此有」的存有特性。今分析如下：

A. 心 境 (Befindlichkeit)

海氏既然視「此有」就是「此有」之「存有」的開顯所在，
也就是他的「在此」之像光一般地自顯成一處「自我照明之域」
⑦；這當是在指：「此有」係在這光的畛域中，以他自身的基本
結構——「在世存有」——，在開示自己的「存有意義」⑦。就
此，筆者則想表示：海氏的「此有」的基本結構，也呈顯成「掛
念的心境」(Stimmung der Sorge ; the mood of care)。

原因是，由於「心境」是「此有」的存有特性之一，「掛念
的心境」之感受與變換⑦，便時時為「此有」所稟有，且時時在
向「此有」作開顯⑦——即開顯「此有」就是那樣，也非那樣不
可(Das es ist und zu sein hat ; that it is and has to be)的本然模
樣。而，這就呈示：「此有」現處的情狀(wie einem ist ; how he
is)，即是一種「被拋於世」的情狀。因為，「心境」的本意就
是：「發現」。

所以，「此有」有了心境之發現，他才可以理解自己的被拋
性。就因為如此，這種「理解」，便可以稱作是：存在心境的理
解，或：「存在（的）感知」（參「本論」之二）。

畢竟，這種「存在（的）感知」，如就起源而論，它乃是先
於理論的認知(Ekennen ; knowing)、或心理的決意(wollen ；
willing) ，以及後兩者的呈顯之域(Erschließungstragweite ; the

range of disclosedness)。西亞卡(M. F. Sciacca,1908～？)有鑑於此，便認為：海氏的這種觀點，當可替他本人所説的存在之「超越」，作一詳切的詮釋——即：「此有」的被拋於世，當即呈現出一個「世界」的現象⑭。不過，由於是被拋(geworfen；thrown)，他才被世界所超越。但是，若就「此有」（他本人）之能與「存有」生發關係的角度而言，「此有」原本就是世界的建造者；這時，這個「世界」，也就成為他所賦予的設計而形成的「存有境界」。因此，可以説：他（「此有」）的自我超越，便是克勝著世界⑮。

筆者認為，這項評述，一來是有它的獨到之見；二來則有助於解明下述的疑難：何以「此有」揭露「人們」的假相，同時即是真正睹見了自己？

理由是，海氏當會認為：陷溺在傳統習俗之「一般性」內的「此有」，之能夠揭露「無人」的假相，這應該是相映於他業已發現自己的被拋性(Geworfenheit；thrownness)。不然，作為「此有」的他，就不會關心自己的「存有」，同時也為自己逕作選擇，以及設計出一個世界。因此，能夠關心自己純真自我的可能性，並且也關切自己之到向的存有設計，這就是表示：他已從「無人」——「人們」——之境歸向自己，而作了「存在的變更」⑯。

再説，海氏之提出「存在變更」，他應當是就「此有」之被拋擲這個「現實性」(Faktizität；facticity)而著眼的⑰。這個「現實性」，本身即顯示出：「此有」，根本不知自己是從何處而來(woher；where comes from)，又要前往何處(wohin；where to go)⑱。而，身處這般「現實性」之情境中的「此有」，他懷受的就是「不安」(die Angst ; anxiety)⑲。

海氏對於這「不安」之意涵的詮釋，可不同於、甚至是超出於心理學的範疇。就像：他在《什麼是形上學？》(Was ist Metaphysik？Frankfurt,1949)一書之中，便指出：這種（存有學上的）「不安」，則是滲有一股寧謐(Friede ; quietness)的感知。因而，若想把握這股「不安」的心緒，就必須經由在「掛念的心境」內之「避向與轉離（事物）」(An‐und‐Abkehr ; toward and away)──而不是靠恃感官的向外凝視(Hinblickens ; stare)──，才有可能⑳。

筆者對於海氏之提出「不安」這個（心緒）現象，用以詮釋「此有」的心境的本質，認為是可以從他一完成《存有與時間》一書之後，接而，強調「不安」是可以呈顯出「無」(das Nichts ; nothingness)的這種論點而看出它的重要性。因為，對海氏而言，「心境」既然可以呈現出「不安」，這在基始上，也就是要表示：「此有」的在世存有的特性，原本就是「不安」，甚至就是「無」（參下文）。

因此，海氏的分析「不安」，隨即又得反映出：他所認定的「心境」，即是具有「開顯」的性徵。不然，心境如果不開顯，那麼「不安」這個現象，就無從示現，也無從（被）分析起。

又，海氏既然強調他所指稱的「不安」，即是具有一股寧謐的感知；在此，它又在表明：海氏之想分析「掛念」（參前），他就必須由對「不安」的分析而開始。原因是，他本人早已說過，預先分析「不安」，這才是方法學上一項極重要的原則㉑。

　　所以，針對海氏這種層層的分析，以及項項的詮釋，筆者認為：他之提出「心境」這個題材——即「此有」的存在性徵：「超越」的模式之一——，應當是主張歸向「意識」而作探討的胡塞爾所望塵莫及的（參「本論」之二）。因為，對胡氏而言，意識中的反省(reflektieren ; reflect)，乃是意向性的以及「超越（的）」⑫；然而，海氏的存在的「心境」，卻是更為原始，而且足可作為胡氏的「反省」之可能（產生）的基礎。

　　海氏對於「心境」現象的探討，除了以上所提的「不安」之外，他也談到「懼怕」(die Furcht ; fear)。祇是，就現實存有的探究角度而論，早生於海氏大半世紀之久的「丹麥瘋子」——祁克果，就已經提出討論，並且也作區分了。不過，後者卻是以（宗教）心理學的觀點為著眼。就像：祁氏在《憂懼的概念》(The Concept of Dread)⑬一書裡，便指明「憂懼」（不安）的意義，是：一種在自身尚未體現以前的可能性——自由的實體(the reality of freedom as a Potentiality before this Potentiality has materialised)；一種（內在）同情的反感、反感的同情(a sympathetic antipathy and an antipathetic sympathy)⑭。

　　其實，我們若詳細的分析，當可知悉，祁氏所說的「憂懼」，乃是涵指著：自由的漩渦(whirlpool of freedom)⑮；它的對象，在根本上就是「空無一物」(nothing)。而，「懼怕」可就不同了；它具有明確的可怕對象⑯。至於海氏論述的「不安」與「懼怕」，基始上，則是就存有學的角度而立論的。就如：先前對於「不安」的探討，便是。因為，海氏祇純粹是就「不安」本身，之如何能在我們的心境中自顯，而將它作一種現象學的描

述。這則與祁氏的著眼點，有它基本上的「差異」。

又，在《存有與時間》中，海氏也曾說過：分析「不安」，是把握「掛念」的墊腳石。為此，我們當可明白：海氏之分析「不安」，他的目的，應祇是在把握「掛念」本身，亦即要闡明「掛念」此一現象的存有意義。然而，儘管海氏有這項的企圖，有人不免會問：「不安」的本質假使曖昧不明，又如何可以詮明「掛念」的蘊義呢？針對這個問題，海氏似乎並未作正面的回答，他祇是說：「不安」並無基礎(groundless)。

而，筆者依此推論，他之所以指說「不安」並無基礎，用意當在於：在「不安」（的心緒）中，整個世界並無法作為我們「存有」的基礎。因為，在「不安」之中，一切的信念、理性與知性均告解體；而且，一切的熟悉之物，都會幻化而成為虛無。這就是指，它將使原先熟悉(die Vertraulichkeit ; familiarity)的事物，頓時成為陌生可疑；從而，使得個人萌生「無家可歸」(die Unheimlichkeit ; homelessness)之感，以及存在即是「無意義」的心緒⑰。因而，舉凡所剩下的，要不是「無」，就是絕對孤獨、又踽踽獨處的自我⑱。

*　　　　　*

又，由於「此有」具有「無處」(nirgends ; no where to reside)的心境，這自是在表示：「此有」即是在「無中持續的存有」(ein Hineingehaltensein in das Nichts ; a constant Being in the "nothing")⑲；為此，「此有」的本質，便顯為「無」。雖然「不安」是了無基礎——即無明確的對象可作它的支撐——，但

是，由於「不安」之心境的可能基礎，係在於「此有」的在世存有；從此，應是可以得知：「此有」的「在世存有」，無非即是「不安」之沒有對象的「對象」。祇是，這個「對象」的本質，可不是別的，它就是「無」⑩。

於是，海氏之想經由「無」的開顯，以貫通「不安」與「掛念」的關係；同時，也想透過「不安」，來呈示「掛念」的蘊義，他的用意，在此委實已十分的明朗；亦即擬倚藉著「無」，以把握、並解明「存有」的意義⑪。

筆者就海氏之一再強調「無」這個題材以評論祁氏，自可得出下述這項的印象：海氏的確是比祁氏精深許多。這就如同馬丁・布柏所指出的，海氏可比倡言：「站在懸崖邊緣的人，即是人生存有真象的寫照」的祁氏，更是往前踏出了「既偉大、又決定性的一步」⑫。

然而，哈特曼(N. Hartmann,1882～1950)卻不以為然。筆者認為：他之批判海氏祇是尾隨一個最悲劇性之刻苦己身者的思想的發展，這委實不是一項中肯之論⑬。原因是，海氏之所以強調「無」，這純粹是就存有學的角度而考慮的；亦即是從「此有」之被拋於世的這個「現實性」著手（分析）起，才有如此的見解。他的目的，既然是要詮明「存有意義」，自然，也就會把「此有」之不可能存有的可能性──「死亡」──納入詮釋，而來托顯「此有」於面對「死亡」這個「無」之時，所可能呈顯的「存有」的意義。

所以，筆者在先前便作了終結般的評述：對海氏而言，預期有「死」的可能，而且能藉著克勝自己的「無」，並逕往「存

有」作設計，人始可能開顯出因為「無」而「存有」的意義。

的確，最會加深「此有」去體悟他自己即是一個「到死之存有」的，就是作為「無」的這個「死亡」本身。因此而論，海氏的看法，仍然是逃不出下述這項的觀點：視「死亡」就是「無」的神廟(Death is the shrine of Nothing)⑭；「死亡」就是「無」之最終的以及最基本的形式⑮。但是，我們可不要忘了，海氏卻也同時認為：「死亡」就是（存有）「開顯」的神龕(Death is the shrine of the Clearing)⑯；這就是說，「死亡」即是「存有」的寄身之處⑰。

由而，我們便可獲得以下的判斷：「死亡」，對海氏而言，乃是揭開「無」的面罩；「死亡」，即是能夠呈顯「存有」之唯一的所在。換句話說，人若是把握了「死亡」，透視了「無」，他才可以開顯出自己的「存有（意義）」。

其實，海氏這種幾近發古哲所未發的「睿見」，已成為西方傳統思想發展中的一股「反向運動」的激流。無怪乎，西亞卡(M. Sciacca,1908〜？)曾竭力的推許：海氏的哲學，當是西方數世紀以來，一個能集宗教、哲學與文學結晶的集其大成者。因為，對於希臘而言，「太初」即是一片渾沌(Chaos was at the beginning)；對於希伯來（基督）宗教而言，「太初」有道，道則與神同在(At the beginning there was the Logos and the Logos was with God)，道就是神。可是，若對海氏來說，「太初」卻是「無」，道且聽命於「無」(Nothing is at the beginning, and the Logos is at its service)⑱。

海氏的「無」觀，既然是具有如此的特色——亦即是從「存

有學」的角度，來理解「無」，並探討「無」——；那麼，這（個）「無」，可具有什麼樣的特別性徵呢？

在《存有與時間》(1927)一書中，海氏曾說：「在世存有」的「基礎」是「無」；這意思是，在世存有的「基礎，就是無基礎：深淵」(The Ground is an Abgrund :Abyss)⑨。此外，它似是表明：對於海氏而言，任何人的存在，即是由「不間斷的無」(a flux of negation)所構成⑩。

在《何謂形上學？》(1929 &1943)的「後記」中，海氏則認為：「無」(das Nichts；Nothingness)，可以生發「存有」(Sein；Being)的功能。由於「存有」不是「存有者」的存在性質之一；因而，人便不可能對「存有」作客觀的理解與建立。既然「無」也能作用成「存有」，這便在表示：「無」委實是超乎了「存有者」的「純粹它者」(the Pure Other)⑩。

在《論人文主義一封信》(1946)中，海氏對於「無」，卻不說：「無」存在；反而是說：「無（自）無化」（無自身無化 Das Nichts nichtet)⑫。箇中，「無無化」的第二個「無」(Nichtung)，是第一個「無」(das Nichts)的本質。因為，（第一個）「無」之能以「無化」，即表示著：「它」的本質，係具有化現的存有特質。所以，「無」之能夠作用成「存有」的本意，也就在此。

當然，「無」自無（化）的無(Nichtet)，可不是要將存有者完全「消滅」（即：無 die Vernichtung；annihilation)；或者，「它」是來自於「否定」（即：無 die Verneinung；negation)⑩。「無」(das Nichts)若就存有學而論，「它」當是最原始意境的

「無」本身，更是「消滅」和「否定」之所以可能成立的唯一基礎。

綜合以上所述，我們約略可知：「不安」不但會呈顯「無」，它也開示出「存有」；亦即開顯「此有」，即是一個被抓進「無」之內的（有限的）「存有」。祇是，這一種的「存有」，在實質上；原本就是指：陷溺在具體事物的世界暨不純真的世界中，而受到蒙蔽之不純真的在世「存有」。

再者，對於逕往「無」裡作設計(Hineigehaltenheit in das Nichts ; project in the "Nothingness")，以求取「存有」意義的詮釋，海氏在「回到形上學基礎之路」(1949)的演講稿中，也曾有過清楚的說明。在這份講稿裡，他曾說到如何經由「無」以回到「存有」；而後，又回到有關於「存有者」的問題上⑭。箇中，海氏也指出：「無」與「存有」並立為一，而成為「存有者」的本質暨基礎(essence and ground)。

就此而論，試比較西方傳統的哲學與神學，更可烘托出海氏的論點之特色。就像有古代的形上學這樣說：「沒有一樣東西，是從空無中生成」(ex nihilo nihil fit ; No thing comes from the "Nothing")；而，基督（宗）教卻稱：「（萬有）從無中創造」(creatio ex nihilo ; Everything was created from Nothing)，或「受造之物，皆從空無產生」(ex nihilo fit ens creatum ; All creature came from the "Nothing")。

不過，對海氏而言，「『無』」並不是存有者的曖昧對象，而是自顯作：存有者的存有之全」(Nothing is not the Vague opposite of what - is, it now reveals itself as integral to the being of what-is)⑯。而，這則教人聯想到黑格爾(G. W. Fr. Hegel,1770～1831)的一項見解：「純粹的存有與純粹的（空）無，是一件事」(Das reine Sein und das reine Nichts ist also dasselbe)⑯。衹是，海氏會把「存有」與「無」並立為一，在基始上，即是由於：「無，就是存有的面罩」、「無，隸屬於存有」⑰、「無，衹能在存有中施展它的伎倆」，以及「存有與無，本都隸屬於存有」⑱之意。

由於「存有」含括著「無」，海氏的這個「無」，也自然和柏拉圖之相對於質料(der Stoff；matter)的「無」，有所不同。因為，在海氏看來，柏氏的質料雖是真正的存在，但是，在實質上，它卻衹是理念(Ideen；idea)所反映的材料。緣於它本身缺乏自己獨立的存在性，所以，才是「空無」(Nichts)，是「非」存有者。

是以，就此而論海氏的「無」(das Nichts)，它當然就是「存有」(Sein)，而非「空無」(Nichts)；是「帶有無性的」(das Nichthaftige)（存有），而非「空無的」(das Nichtige)。又，它既作為「超越存有者的另一者」，它也就成為不「與一切存有者一樣的它者」(das Andere zu allem Seienden；the Other not the same as all beings)⑲。

總結的說，海氏心目中的「無」，當是「能（自行）存在」的「無」⑩；是「不佔任何方位的無」(Nichts ist es und nirgends；Nothing is and occupies no direction)⑪；是由「不安」而開顯出之「帶有無性」的「無」；也是凡人的言語所無法抵達之超越境界的「無」⑫。

無怪乎，羅生(S.Rosen，二十世紀)會一針見血的指説：海氏在基始上，是想從言語(speech)──有如詩境的思考(Poetic thinking)境界──漸抵至先知性的(Prophetic)元始境界；亦即企圖超越辭令的語言(verbal speech)，以喚出「存有」本身緘默的歷程(the silent process of Being itself)⑬。

B. 理　解　(Verstehen)

前面已指出：對海氏而言，「心境」是「此有」所本具，以及「此有」的開顯，可以使「在此」(da)的「此有」，成為「存有」之自我呈顯的境域。從這裡，我們應可揣知：「心境」，當是理解「存有」之活動的基始。

又，對於「理解」的意涵，筆者在先前也已略微提過；在此，則擬根據海氏於「回到形上學基礎之路」一文中的論點，來作闡明。像海氏就説過：來自形上學，並且試圖進入「存有」真理之涉及人性的這種關係，就稱為「理解」。由此，應可推出，海氏對於「理解」此一現象的把握，當是基於（心境之開示）「存有」的「無蔽」這個角度為著眼的⑭。

其實，由於「此有」與「存有」原就具有互屬的關係，所以，「存有」的無蔽與心境的開放，便互為因果。再者，既然有了「開放」，便有所「發現」；而，一旦有了「發現」，也就有所「理解」。這時，自然可以稱呼：心境伴生了理解，而理解則映現出心境。所以，「理解」的可能基礎，在此，便是：繫於「存有」的無蔽，以及心境的開顯⑮。

　　先前又論到:「理解」,也構成了「此有」的基本「存有」;這是因為:「理解」原本就是出自於「此有」之往「到向」在作設計,而生發的存在活動。於是,理解「存有」的設計,便可以說:是「此有」在對自我作理解。這就是指,「此有」在理解自己,即理解自己的已被拋擲,以及同時也理解自己的「對拋」。

　　何以說「理解」自己,即是表示:在理解自己的「被拋」與「對拋」呢?針對海氏這項的看法,我們委實不難以瞭解。因為,誠如前面所說,心境一旦開顯,它就會發生存在的理解,即理解自己若干可供設計的可能性⑯。祇是,這樣的「設計」,原本就是「對拋」的意思。所以,所謂的設計,便是由於自己已「被拋擲(於世)」,而才成立的。

　　緣而,我們似乎可以用下述的表式來呈示:(已被拋擲的)「此有」,之理解自己的可能性,這在實質上(wesenhaft;essentially),也就是指設計(對拋)的存在結構。

　　又,「此有」既然是被拋擲於「設計」的存有方式中,這也將顯示;「此有」本身,已是一個「被拋的設計」(Geworfener Entwurf;the thrown project),或已是「設計的被拋性」(Entwerfende Geworfenheit;the projected thrownness)。

　　總之,海氏論述中的「此有」,即是為了回應「存有」,而在作自我的呈示。就此而言,「此有」也可以說,即是:投擲者兼呼求者(der Besucher;caller)。至於人的存在,祇因為被「存有」限定住與拋擲出,他才成為一項「設計」⑰。

C.　言　談　(die Rede)

「此有」既是一個自顯的存在結構，他就可以理解自身「存有」的意義。由於「言談」，是「此有」本身所具有的存有性徵之一；因此，「此有」的言談，它的目標，便是企使「此有」的「存有之真」作自由的開放⑱。

原因是，就在言談中，「此有」可以把在所發現的世界中之「在世存有」的可理解性（die Verständlichkeit；understandableness)，作一種有「意義」的發抒⑲。難怪海氏要這樣認定：「言談」是心境暨理解為了自己所作的存在揭明的結構。這個結構，因而是奠定語言的基礎，而非語言本身⑳。

語言既然是基於言談而成立，而言談又具有「交往」的可能性；所以，語言便構成「此有」之作為「共同存有」的意義㉑。因為，有了「語言」的所在，那裡便有「世界」㉒。雖然，海氏在《存有與時間》一書中，也把語言稱作是「交談」；但是，這祇是基於人是「會講話的動物」(zoon logos exon；the animal that can speak)這個觀點而立論的。

當然，人能夠言談，這就會產生語言；因而，可以說：人便是語言之戲論(game)的來源。而，語言戲論，又是「存有」的本源；因為，語言的對象，指涉著「存有」㉓。為此，我們可以得知：「此有」（人），對海氏而言，當是貯用了(bestows)「存有」㉔，而且，也提供了立於存有者之開顯中的可能性㉕。

其實，「此有」之以語言啟顯「存有」，這應是表示：「此有」就在言談中而能夠開示自己(sich - offenbaren können；can disclose himself)。雖然人與人的交談,有時候不能稱述那無可名狀者;但是,這依然可以使交談成為可能。原因是,「此有」原就已經習慣於人的世界,而自有某項意義的理解之產生⑳。

而,為了對「語言」之能夠啟顯「存有」的強調,海氏在後來撰述的《賀德齡與詩的本質》(Hölderlin und das Wesen der Drichtung,1944)一文中,便指稱:「詩」是最為原始,而且又是「存有者」其最原始的稱謂(naming)。倚藉著詩的語言,「存有」便在開顯自己,言訴自己。至於人,也祇有傾聽(hören;hear)它的申述,即聽憑「存有」在作原始性的自我呈示。因為,人無非祇是「存有」的守護者或牧者(參前)。

海氏的這種觀點,筆者認為,它乃是要呈示:「人」之所以為人,即是由於「存有」參與進了人際間的交往關係裡⑳;語言就是「存有之屋」⑳。而詩,並無法創造存有(not the creation of Being by poetry)。

總括以上所述,「心境」、「理解」與「語言」這三者,可以說是已表現出「此有」的全體性——即「掛念」——的存有性徵。而這三者,又能夠說是已共同呈現出:「此有」即是「在此」(da)陷溺(das Verfallen;falling)的一個存有。由於心境容易變成兩可性(die Zweideutigkeit;ambiguity)⑳,理解容易變成好奇(die Neugier;curiosity),以及言談容易變為閒談(das Gerede;idle talk),海氏即稱:「此有」也是一個陷溺的存有。

原因是,「此有」一旦受到人們的誘惑(Versucherisch;temptation),自安於心(beruhigend;tranquil),甚至逕與自己(的存在)疏離(entfremdend;alienate),並且毫無主見地牽涉

進(Verfänglich；entangle)人們的事態中⑩；那麼，下述的事實便將發生：「此有」已陷溺在「無人」的公眾性(offentlichkeit；publicness)的漩渦(der Wirbel；whirlpool)內。這就是一大蒙蔽；也就是由純真性轉離，而即刻導致「此有」的非純真性(die Uneigentlichkeit；inauthenticity)。然而，針對這種情況，海氏卻稱：它是「在世存有」必有的存有現象⑩。

以上，已析述了海氏對於「存有特性」的詮釋。總結的說，筆者同意海氏的看法，而且認為：這裡的詮釋，委實有助於理解「掛念」此一現象──即把握「到死之存有」的存有全體性──的總體意涵。因為，這也正如海氏的自白：要先分析「此有」的「存有特性」，它才是理解「掛念」之意義的先決條件⑩。

以下，則討論「掛念」的意義：

(2)　「此有」的存有全體性：掛念

海氏何以認為，「掛念」是「此有」之總體結構的存有意義呢？為了求證這個問題，筆者擬以前提：對「此有」的存有特性作分析；以及推衍手法：「掛念」現象本身的自我開顯；而進行以下的「論證」。

在上一單元裡，筆者已析論出，「此有」的特性，有：被拋擲（即：心境所把握的「現實性」）、設計（即：理解所把握的「存在性」）以及言談；而這三者，也總呈顯作：陷溺性。換句話說，在世存有（此有）的全體性，是以他的存在結構之意義的界域──即日常性(die Alltäglichkeit；everydayness)──，以開顯上述這三項存有的樣態。

畢竟，具有這三種樣態的呈顯，此即表示：「此有」與「存有」的生發關係；係有賴於：「掛念」的自我開示；從而，才有這項持續「關係」的建立。由此，海氏論述的「此有」的存有現象，又可說是倚藉「掛念」而得以把握。原因是，「掛念」的中心，就在於「此有」本身⑬。

至於有關「掛念」的分析，一如先前所述，海氏同樣是認為：先分析「此有」的不安的心境，這才是把握「掛念」的先決要件。在此，筆者重新提起，目的祇是要指明：「何以」要對不安預作分析，這才有助於理解「掛念」的蘊義？

甲、

就(1)所述，已知：「此有」的本質為「無」，這（個）「無」，又是由「不安」所呈顯出。再者，由於「不安」，本是掛念的模式之一，我們自此當知，掛念的本質即是繫於：「此有」的基本結構——「在世存有」——之和盤的托顯。祇是，緣於「在世存有」，因為有死亡的可能性而呈顯作「無」；所以，在這存有學的意義上，「掛念」也必然要呈顯作「無」。不過，因為「此有」具有不安的心境，它便可以使「此有」在向外所作的運動（即：關切以及照料存有者）中收回自己，而使自己睹見到自我的真相。

就此而言，「不安」乃能促使「此有」個獨化(Vereinzelt；individualize)⑭，並且使自身開顯成：一個能以把握自己、或喪失自己之「自由」(Freisein；freedom)的自我。

剛才已說過：「不安」能促使「此有」開示「此有」的自由

是什麼意思呢？針對這個問題，首應知道的是：海氏的「自由」，究竟是何所指？依據先前的分析，海氏的「自由」觀，應該是在「無」之作為「此有」的「在世存有」的意義下，而得以成立。

不過，這又是怎麼說呢？實情是：由於海氏認定，「死亡」即是作為一種刻正朝向逼近而來的「可能性」，並且認為，「此有」一旦懷有這種可能性；那麼，「死亡」所表徵的「無」，便會把「非存有」(Nichtsein ; non - being)，帶進「此有」自身的「存有」中，而使「存有」立即變成無(to be nothing)。是以，就在這個意義下，海氏的「存有」，委實不能給予「存在」任何的實在感、意義與價值。

原因是，儘管「存有」能呈示作「此有」的全體性，但是，緣於「此有」因為有死而立即自顯作「無」；再加上，「此有」原本就是一個被拋擲者，而且他來自不知是何處的這個「何處」，也呈顯作「無」。所以，「此有」之存有於世的這個「開始」，應該可以說，就是始自於「無」。

至於他在被拋擲於世的此一理解過程中，僅凡所作的一切設計，儘管可堂而皇之地說，就是在為他自己作設計、或正在為自己選擇一種純真的可能性；可是，若從「死亡」之作為「此有」的一個存有可能性的角度衡之，舉凡他所作的一切「對拋」（設計），也應是盡在「無」中作設計、或盡往「無」中作設計——亦即在設計自己的「無」。

為此，我們就可以說，「此有」一旦存在，而且在為自己作設計；那麼，若從存有學的「無」的意義觀之，「存在」，也便

是始自於「無」；而至終又到達於「無」的一項設計⑮。

對於海氏的這種由「無」以設計「無」的觀點，委實，很容易教人認為：他在主張一種極端的虛無主義⑯。不過，事實卻非如此。海氏所提說的「無」，它乃是「存有」的面罩；是隸屬於「存有」。而，海氏之敢倡言「無」，他真正的目的，應該就是要克服虛無主義，超越虛無主義。而，這項超越的基礎，便是基於：因為「無」而產生的「存有」可能性——自由。

又，論到「自由」是因為「無」而成立的，這即在表示：「此有」本身因為呈顯為「無」（從而，以自行設計自己存有的可能性），所以，便會產生以「無」為其依歸，並為其取向的自我性暨自由⑰。

就此，筆者則想指出，這即是擬求證「『掛念』是『此有』之總體結構的存有意義」，而獲得的前提之要旨。以下，則想闡明「『掛念』現象自身的開顯實意」——這是本論證的推衍手法。

乙、

剛才說過，「無」開顯出了「存有」的意義——即「自由」。我們若由此探討「自由」的本源，則不難得知：「此有」的不安之心境的「開顯」，才是使「自由」成為可能的主因。至於「此有」之擁有「自由」（即「存有」的開放），這也即在呈示「此有」的被拋性。所以，「此有」感知自己本具不安的心境，藉理解自己的對拋，而把握自己因為有死而呈顯出來的「無」與「自由」；這時，這個「感知、理解與把握」的可能基

礎，就非得依靠「此有」的存有全體性——即「掛念」——自己的開示不可。

為此，我們便可以説：「掛念」就是「此有」之總體結構的（存有）意義。

至於什麼是「掛念暨結構」本身？對於這項問題，海氏在《存有與時間》一書中，也有清楚的釋明。像他就説：「『此有』是在世間遭遇的存有者旁邊，已在世間而先於他自己的存有」，這便是「掛念」(die Sorge ; care)的內涵⑱。這是一項界説，意思是指：「此有」原本就是一個可能性；而由於不安的「心境」，人始「發現」自己具有選擇純真、或不純真（自我）的可能性(Möglichkeit vom Eigentlichkeit und Uneigentlichkeit ; the possibility of authenticity or inauthenticity)。

這也就是説；「此有」既在「真」之中，而且也不在「真」之中⑲；「此有」想要為「純真的」自己，以選擇最獨特的存有可能性。從而，便有了存在性的選擇之生發。海氏曾説：「此有」在他的存有（設計）之中，已先於自己(Das Dasein ist ihm selbst in seinem Sein je schon vorweg ; Dasein is already ahead of itself in its Being)。這種「先於自己」，就是「超越自己」；它可不是水平式的(horizontal)趨向實用的器物界，而是垂直式的抵向「存有」境界⑳。

其實，海氏之把「掛念」結構作為這般的詮釋，當是基於：人與「存有」原就具有一種互為「開放」的關係。因為，人之面對「存有」而揭示它的開放性，這便顯示：人既站在「存有」的開放性之外，同時，他也是站在它裡面(das offen steht für die offenheit des Seins, in der es steht, indem es sie aussteht ; He stands out the openness of Being ,and he also stands in it)。

由於「掛念」具有這種「既站在外面，又站在裡面的關係」⑩，它才作為「此有」（人）的存有全體性的「意義」。而，這種的「意義」，若就存有學而言，它便是「存有的真」。

所以，海氏才會認為：在基始上，奠定這種作為「先驗一般性」(Die transzendentale Allgemeinkeit ; the transcendental generality)的「意義」，即是對「此有」作任何一種詮釋之可能的基礎⑩。

2.由「此有」的存在性、現實性與陷溺性，疏解「此有」係「到死（結束）之存有」的含意

剛才提到，「不安」能夠使「此有」為自己作選擇，這是由於：「不安」可以袪除不純真性，而開顯純真的可能性的意思。又，由於「掛念」是以「先驗一般性」的存在性徵作自我呈顯，我們為此可知：海氏的「掛念暨結構」——即先於自己（存在性）、已在世間（現實性），以及在世間所遭遇的存有者之旁（陷溺性）——，可具有把握存有之真暨存有之全的可能性。因為，「掛念」是「此有」的存有全體性，而「此有」的本質乃在於「存在」；但是，「存在」的本意，卻是（向「存有」開放的）一種「可能性」。

因而，可以推知：「掛念」的存有學性徵，乃是基於「此有」的「存在」（可能性）而呈現的。換句話說，「掛念」就是由於「此有」之作為存有學上不可分化的「存有」〔因為「在世

存有」（In-der-Welt-Sein），係由〝—〞連號所統合而成的一個全體性的存有〕才有可能⑱。

至於，若以海氏的「掛念」之存在性徵的角度，來看康德的先驗主體性的範疇(a priori categories of subjectivity)，便可以瞭解，海氏對康德是有所批判的。

原因是，海氏的論點為：囿限於純然反省的悟性範疇(the categories of full reflective understanding)，不但太脫離（即：先於）一般的經驗，而且（手法）也過分狹窄、過於唯心(ideal-istic)；這當是不清楚主、客體原是在經驗中共生之所致⑭。由而，一旦論起「什麼是自我(das Selbst ; self)？」之時，海氏就不認為：是「先驗統覺」(die transzendentale Apperzeption ; the transcendental apperception)、「精神與肉體、可能性與必然性這兩極綜合而成的自我」（祁克果語），或「純意識」（胡塞爾語）；而是：「存在性和現實性（包括陷溺性）這兩極的綜合」⑮。

然而，對於海氏的這種「自我觀」，沙特就逕把海氏的「自我」的基礎——即「此有」——解釋成：「統整之人的實在」(human reality as a unitary whole)；而柯賓(Corbin，二十世紀)，則將它詮釋成：「場域」(field)⑯。

祇是，筆者的淺見為：後兩位之如此的詮釋海氏，他們的目的，當不外是想要發掘它（此有）的實際意義；至於他們是否真正契合了海氏的心意，這祇有海氏本人最為清楚。

再者，筆者就海氏所提出的「存有學」（即：先於理論、先於概念和先於範疇的「存有」理解）的角度，來論衡「掛念」此

一存在概念(existenziale Begrifflichkeit ; the existential concept)
的成立基礎,當可得知:這個「掛念」現象的呈顯——即具有存
在的意含⑭——,便是以對「此有」作先於存有學的觀點之闡釋
而奠基的。這也就是指,「掛念」的自我開顯,即是基於「此
有」的「日常性」這一境域之開示而成立的。

總之,海氏之考慮「日常性」,它的主因,應該是為了要指
明:「死亡」,對於「此有」(人)的存在意義有相當大的影響
⑱。因為,所謂的「日常性」,它的範圍即涵指:介於生與死之
間之人的存在暨存有的界域。

它可以說是:自顯作時間性的一種模式⑲;更可以說是:原
本就是海氏想作基本分析的「對象」(題材),從而,以開顯
「在世存有」的存在暨存有意義的境界⑳。

以下,則擬由存在性、現實性與陷溺性這三個角度,析論
「此有」的日常性的意義;由而,以呈顯「到死之存有」的涵
意:

A. 就存在性的角度——

我們已知,海氏的「此有」的存在,原本就是一種存有可能
性。又,由於「此有」已「先於自己」,他便理解到:他自身即
是以「可能性」(das Können ; possibility)這一存在模式,在呈顯
自己;祇是,他仍未(noch nicht ; not yet)定形於世。「此有」一
旦仍未定形,這就表示:他或者能夠向自己的「到向的」存有可
能性開放自己。可是,由於「死亡」也是一種存在的可能性;這
種存在的可能性,乃會導致「在世存有」作可能的結束(das

Ende ; end)。

因而，「此有」一旦存在於世，可以說他便是一個「在結束中的存有」(Zu - Ende - Sein ; Being - unto - end)。而，在「結束中的存有」，他真正的「結束」，就是指「死」這個結局。諷刺的是，「此有」一旦抵達了這個「結局」（死），他仍無法真正(wahrhaftig ; real)體驗到自身的「死」；充其量，祇可以說是，他僅客觀地經驗到他人的死⑩。

由此可知，海氏之視「死亡」即為生命的現象、存在的性徵，以及存有的一種可能性；這種觀點，當是經由「此有」自身的心境的開顯——或：心境的感知、存有的理解——而把握暨著眼的。就因為運用了這種「心境感知」法，海氏才超越了主、客觀二元對立的（理性、或意識）認知法，而把握到那向我們每個人刻正逼近(bevorstehen ; approach)的「死亡」可能性。

他並且宣稱：「死亡」構成了「在世存有」最重要的課題；因為，「死亡」這個「無」(das Nichts ; nothing)，正將解消(auflosen ; dissolve)「此有」（對外）的一切關係⑫。就此而言，「死亡」⑬便把「此有」呈示作：一個「到結束的存有」(Sein - zum - Ende)⑭。

其實，海氏之把「死亡」的現象，引進「此有」的存在暨存有結構中，這應該可以稱作是一種極其特出的「死亡存有學」（詳見「本論」之四）。因為，他發現到：「死亡」正潛存於「此有」的存在的本質中，即一直呈現在後者之不間斷的「非結束性」(Unabgeschlossenheit ; unendlessness)裡。又，「此有」的存有全體性——即存有意義——，便因為有這種「可能性」的

預示而得以「獲得」⑮。

再說，雖然祁克果也從神學的角度，在談論「死亡」，像他就說過：「死亡就是一種轉化，即轉化到永生」（…death itself is a transition unto life)⑯；這似乎在表示：祇要通過（我）個人的死，人便可以通向「存有」（絕對者·神）本身⑰——；不過，這卻是海氏想加以駁斥的。海氏似乎並不同意祁氏的這種神學式的「死亡觀」。因為，在海氏看來，「此有」乃隨時身處在「非存有」之可能性的情境中。

就因為這個「非存有」，在基始上，是隸屬於「此有」的本質，「死亡」——可表顯出此一「非存有」的性徵——才結構了「此有」的存有可能性；因而，若稱「此有」的本質，就是「無」（參前），這應是最恰當不過的。

從而，我們應可推得：海氏之反對祁氏，他的理由，應祇是想以「無」（非存有），來取代（兼含括）祁克果的「純有」(Pure Being)——或：永恆者(The Eternal)、神(God)——的示現。這也就是說，他擬以象徵著「無」的「死」，來作為展示「存有」之全體性的可能基礎。

為此，大體而言，海氏的根本心態，當是想超越傳統（西方神學）思想的窠臼，而刻意孤行於自己的存有「學」（理解）的道路。儘管如此，在1980年去世的沙特，他在生前卻明確表示：海氏的思想，乃是受到「宗教」潛在的影響⑱；另外也有人，反而認為：海氏當已受到尼采式無神論之英勇死亡觀的感染⑲。

我們姑且不論海氏的觀點，是否承襲過前人的思想，不過，若就他的存有學的角度來論衡，則理當可以得知：他對「死亡」

的見解，委實很獨特；像他就認為：「死」的存在(ist ; is)，僅在於一個存有者之作為「到死之存有」(Sein - zum - Tode ; Being - unto - death)，它才有可能⑯。又說：「死」，並不是手前存有者，也不是一種在手前的現實示在性(Tatsächlichkeit ; factuality)之物。對於「此有」的在世間，「死」雖然尚未示現，但是，這種「尚未」的性徵，卻大大超越了「死」之作為及手性暨手前性存有者的「綜合」⑯。

畢竟，箇中的問題，就在於：「此有」始終是陷身在「人們」的漩渦中，因而，在不知不覺裡，便壓抑了「死亡」此一「尚未」的存在性徵。儘管一般人多是如此，海氏卻仍然指稱：「死」則是經常呈顯在我們的心境之前⑯。

筆者推敲海氏的這種論調，即：視「死亡」祇向我們自身的「存有」呈現，而不向「人們」開示；換句話說，就是向我們開顯——「死」是我個人的死，單單祇有我要死自己的死（如：祁克果所云）。因為，「死亡」對於每個人的意義，是：它是最屬於我自己的(eigenste ; ownmost)⑯——亦即與傳統所說的「必死」(Mors Certa ; hora incerta ; must die)的概念相吻合⑯；以及它是最明確的(gewiss ; definite)。

再者，死亡既然最屬於我自己，它的「本質」便與他人無關(unbezügliche ; unrelated)；它祇對我們每個人自己最具有「意義」⑯。因此，就此而言，「死亡」必會在任何人的眾可能性當中發生；「死亡」，會把任何人拉回他自己的自我裡⑯，而教自我獨自去意識他自己要單獨死自己的死。是以，這便顯示出：「死」這個可能性，當是無法被剝奪的(unüberholbare ;

undeprived)。祇是，任何人何時會死，卻依然不可測(Unbestimmt；indefinite)。

以上，可以說是經由「此有」的心境所開顯的「存在性」，而把握的「到死之存有」的意涵㊻。

B.就現實性的角度——

在現實的世界中，「此有」感知自己是被拋擲於世。祇是，若從「無」這個角度來看，也可以說，「此有」便是感知自己已經被拋向有「死」這個「無」（非存有）的可能性裡。又，既然是「已被拋擲」，他對於「死」就無能為力。因為，「死」已倚藉它不可改變的可能性，自始就強加在人的存在中。

準此而言，「此有」的本質就是：一個被拋入於「將死」之空無中的「到死之存有」。

再者，若就前面所提的，即海氏曾說過：預先分析「不安」，這始是把握「掛念」的墊腳石。為此，論述海氏之對「死亡」的分析，我們應該可知：唯有「不安」，它才是「此有」於陷溺不純真性中之後，而可以獲致其純真性的主要關鍵。

因為，「不安」並不像是（心理學上的）「恐怖」這個心緒，它反而能夠使「此有」從「人們」的漩渦中，亦即從世俗化的暨虛偽化的日常生活之意識裡，將「自我」超拔出。而，雖然「此有」的本質，原是「在世間所遭遇的存有者之旁」，但是，這並未影響「不安」心境的發現，反倒有助於「不安」的自我開顯；即開顯出：「此有」祇要存在著，他便在垂亡中(sterbend；dying)㊼——，這就是「存在變更」之得以生成的基礎。

C.就陷溺性的角度——

從上述的探討，可知「死」是「此有」的存有可能性，然而，有人若想對它加以拒避，這才是真正的陷溺。以「人們」（根本是「無人」）的觀點在看待「死」；即用一視同仁(one like many)的公眾性(die Offentlichkeit ; publicness)姿態⑩，在客觀地觀審「死（亡）」；這即表示：「人們（之）死」(man stirbt ; people die)，變成是一項人世間經常會出現的「事件」、「東西」，或者「手前性之物」。

為此，海氏才強調：亟應對「死亡」作存在的分析；並且批判地指出：所謂的「人們」（之）死，根本上就是「無人」（之）死。而，凡是不明白這一點的「存有者」，他才會真正遺忘自己的「存有」。

為了印證海氏的這種觀點的「價值（性）」，筆者認為，誠然有必要一敍西方傳統之對「死亡」的看法。至於較早即對西方傳統的「死亡觀」作過分類而卓有所貢獻的人，就是祁克果；像他就把「死亡」觀分成兩大類：

Ⅰ.內在觀點：即強調死亡是主體性的決定物（death as a determinant of subjectivity）；

Ⅱ.外在觀點：又可分成兩派的見解——

    A：異教徒的見解；如：古希臘的伊彼鳩魯學派的主張，為其代表（參見「導論」）；

    B：黑格爾的智識主義(intellectualism)；即其客觀觀念論的見解。

　　至於祁氏本人的觀點又如何呢？他認為：由於「外在觀點」，已陷入對「死亡」的逃避與畏縮，並且根本欠缺主觀的滲入，所以，才批判「外在觀點」而贊同「內在觀點」的主張；即認為：我們應該(Sollen ; should)把「死亡」，當成一個在自己的存在中之恆常呈現的緊迫性的實物(imminent reality)⑩。

　　為此，我們論評：海氏依據「存有學的區分」之原則，首先指出人的陷溺性和「無人（死）」這項觀點，而後，即批判傳統的「外在（死亡）觀點」，甚至托爾斯泰(L. Tolstoi,1828～1910)的《伊凡·伊利契之死》(Ivan Ilyitch's Death,1886)一書中，於伊利契(Ilyitch)臨死時之對「死亡」的描述⑪，乃是一種「不純真的到死之存有」(inauthentic Being -toward -death)觀⑫——，確是有它的道理在。

　　因為，就海氏而言，「死」即是人的一種內在存有的可能性。而，從這項觀點發展成的「純真的到死之存有」觀，海氏則認為，它才是真正呈現出「人事實上是在垂亡中」這一項存在的理解。

　　總之，就海氏所強調的論點——即：作為「純真的到死之存有」，便能夠克勝「無」，而且把握「存有」意義——衡之，他或多或少是受到了祁克果的影響⑬。祇是，海氏卻堅持「存有學（理解）」此一角度，而想為祁氏所強調的「內在觀點」——按：具心理學意涵——奠定存有學的基礎。因為，在他看來，一旦有了這個基礎，「此有」才是真正理解了死；從而，便不會逃避自我，更不會想由「你將有死！」之念竄開。

　　此外，「此有」（人）一旦洞悉了「人們」（之）死為假

相，「我自己」有死為真相，他也不致會把「死」當成事實上正在發生的（外在的）實際事件(actual event)，甚至可加以等待(Erwarten；wait)的一種「將來的實物」⑭。他反而會以預期(vorlaufen；anticipate)的心情，預知有這緊逼而來的一個「可能性」；從而，隨時督促自己要面對自己的「死」，並且隨時感知自己要在「死（亡）」之前生活與設計。這也就是說，他要有勇氣為「死」而活。這時，已作為「純真的自我」的「此有」，便不致受「人們」（自我）的幻想的誘惑，而能夠開示出自己純真存有的意義⑮：即以作為「存有之真」的牧者身份，自顯成一個自由的存有。

以上，筆者已完成由「此有」的存在性、現實性與陷溺性，詮析出：「此有」即是一個「到死（結束）之存有」；並且，也呈顯出：「此有」就是一個於面對有「死」之空無，而能夠開示自己的「存有意義」之「自由的存有」。

以下，則擬從「此有」的存有全體性──即「掛念」──的角度，再次詮釋「到死之存有」的純真的存有可能性。

(二) 掛念──以時間性作存有意義──的預期決斷，開顯「到死之存有」的純真存有可能性

總括上一單元的論述，我們可以得知，海氏對「死亡」這一存在現象的經驗、分析與描述（即：詮釋學），乃是透過他對「死亡之現象的暨存有學的經驗」而成立的。

這種把「死亡」題材，集中在「存有」（意義），即「存有問題」(die Seinsfrage；the problem of Being)的討論上，委實有助於對其它理論（如：存在價值觀、死亡倫理學……等）的探討⑯；甚至，也因而構成了探究其它學科（有如：生物學、心理學、人類學、民族學、醫學或神學……等）之最原始的「題材」、或最基本的「對象」。

誠如先前的析述，即已呈明海氏之對「死亡」逕作的存在分析，亦即運用「存有學的區分」之原則，以對「死亡」現象逕作詮析暨描述（可稱它作：詮釋學），他所把握到的（死），自然不是作為絕望與病態的「來源」，反而，已成為「自由」（即：「存有」之開顯）暨「純真存有（可能性）」的「始源」⑰。

為此，以下想探討：對於海氏而言，何以「死」可以作為「自由」的始源？

1. 存在即「自由」

剛才提到，海氏認定：「死」是可以托顯出「自由」。這裡所說的「自由」，當然不是傳統哲學一向所談論（手前性之意義）的自由，而是經由「掛念」所呈示的「存有之真」暨「存有之全」此一角度而設定的「自由」、或立論的「自由」。這也就是指，在海氏的心目中，他對於「自由」這一現象的存在理解，總要將它歸向「此有」本身所秉具的存有可能性，而發抒他自身之與「存有」所生發的「開放關係」，然後才得以成立。

然則，由於在「此有」的可能性中，潛藏著一種不可能存有的可能性——即「死亡」的可能性——，這才使得「此有」的自

我（可能性之）發抒，受到了轄制。就此意義而言，「此有」便是活在「會有滅亡的轄制」(the limits of perishability)中。

又，因為「掛念」可把握了「此有的全體性」，它在把握、並開顯「此有」原本就是一個「到死之存有」的可能性之際，自然也是把「此有」的「存有」意義之呈顯，奠基在「此有」本身之有限的自由(finite freedom)上。換句話說，便是：「此有」若要把握那呈顯出來的「存有意義」，他勢必就要預期（自己）有死亡的可能性〔Vorlaufen in die Möglichkeit ; expect the possibility of death〕⑱，以及去面對自我的選擇暨自我的履現；從而，以作為一個「純真的存有」。

為此，「自由」便可以稱作：即是在「此有」於面對自我的選擇之際，而以「可能性」作自顯的自由。就在這種情形下，也可以稱「此有」是：一個「到死的自由」(Freiheit - zum -Tode ; freedom to death)⑲。

原因是，他之預期自己的「死亡之可能性」，就已經出示：他已克服了這個「非存有」，即存有學上的那個「無」。又，既然「此有」能以克服「無」，這也就表示著：它的「不安」的心境，已生發「存在的理解」；從而，即達到實際的啟蒙暨當下的決斷(die Entschlossenheit ; resoluteness)。這，便是所謂「存在的變更」之意含。

其實，海氏之提出「自由」，並且把預期（死亡之可能性）和決斷（即：存在的設計）集聚一起而逐作討論，這應有它的重要旨趣；即：企求開顯「到死之存有」的純真性暨全體性。

原來，海氏早就把「存在」當成超越自己來理解（因為，

「此有」係先於他自己的存有）。又，既然它也在預期，並且作決斷，這便表示：作為「為了死之存有」(für - Tode -Sein ; Being - for - death)的這個「自由的存有」（參前），已經不受社會習俗的侵染⑱，而可以為他自己的存有可能性逕作設計。

因此，這種設計，便是在「有限自由」之意義下的「自由的」設計。就此而言，便可以得出：「存在」的本質，即是「自由」。

2. 存在即「不安」

剛才述及：「預期」與「決斷」這兩者，可以聚合而成為「預期決斷」——此即「掛念」的存有性徵。由此，自是可以得知：預期決斷的生發之源，即是繫於「掛念」的模式之一——「不安」的心境。因為，「此有」能夠把握自己的「死亡」之可能性；亦即預期自己的死亡而超前把握。這當是由於「掛念」已開顯出：因為「此有」即「已先於自己」，他才可以為了自己（即走向自己），而選擇自己。

但是，緣於「此有」的存在，原本就是一種可能性，原本就是「被拋於世」；這始表示：「此有」原來就是在設計，原來就是往「無」（有之域）在設計「存有」。緣而，自是可知：海氏之「此有」的設計，當是一種「到向的」(Zukünftig ; futural)設計。

因為，「此有」的存有設計，原本就是為了自己的存有。而，這「為了自己」，便顯示出：「此有」的設計，在本質上，即是以時間性的存有模式之一——「到向」(die Zukunft ; future)⑱為其基礎。

換句話說，「不安」能開顯出「無」；而「此有」，他就是在「無」中作設計，亦即在作到向（自己）的設計。所以，這作為設計之可能的基礎——「存在」，他就是「無基礎」，也是「不安」本身。

3.「到向」是「不安」的基礎

雖然就「時間（性）」的討論，康德曾經提出：時間(die Zeit ; temporality)就是主體之內在意義的形式；不過，一向專注「存有」課題的海氏，卻是認為：時間就是「存有」的意義，以及「存有」就是時間（參閱「本論」之一）。

畢竟，由於海氏祇著眼於人所可能經驗到的人之「存有」，因此，他向所關注的「存有」，便囿限於「此有」的有限性暨其時間的界域中⑫。儘管如此，海氏並不在意於人是如何的「有限」，他反而強調：人因為有限，他才有「超越」的可能⑬。

剛才說過，「掛念」開顯「存在」即是「不安」；這則無不教人想起：由於「此有」的本質，係繫賴於「存在」，他才會呈顯出存在性、現實性和陷溺性這三種存有性徵。可是，就海氏而言，他卻認為：這三種存有性徵之得以呈顯，它們的基礎，則要歸向「此有」的存在性時間⑭。

這便是指，「時間性」就是「掛念」結構的全體性本身，也是作為「掛念」的「存有意義」，而以一體性作自我的開顯(Die Zeitlichkeit zeitigt sich⋯ganz ; temporality temporalizes itself as a whole)⑮。

　　所以，因為有了「掛念」，而後才有「時間性」的理解；這也在表明：時間性乃具有向外動向的(ekstatisch；ecstatical)性徵——即：到向(die Zukunft；future)、現在(die Gegenwart；present)和已是(die Gewesende；past)；為此，「此有」才可能揭示出「存有」⑱。

　　又，前面也說過，「此有」之揭示「存有」，乃是經由「掛念」的開顯，即作預期決斷（存在抉擇）；因此，我們綜觀而知：所謂「存有」（意義）的呈示，總須以（「此有」的）時間性為其「基礎」。

　　然而，就海氏的這種看法，柯瑞(A. C. Cochrane，二十世紀)卻指出：箇中，可隱含了一項基本的困難，即：海氏之把「此有」理解成一個關懷自身「存有」的存有，並且又視「此有」即為一種「先於自己」的可能性；而，這就必然牽扯上「時間」此一問題。

　　祇是，海氏對於「時間」的看法，卻不同於一般人的見解；尤其，不像祁克果所認定的，即認為：時間是由「永恆」交錯出一連串的瞬間（即：永恆臨現的現在nows)所構成。反而，視它為：由「此有」本身所呈顯出的一種時態，即，先於他自己的剎時(der Augenblick；moment)；或作：「此有」的境界(der Acker；stage)；或作「此有」的擴展(die Ausdehnung；extension)。這便表示：「此有」排除了「永恆」此一非存在的因素，而以先於自己的動向，不止息地在擴展自己。

　　換句話說，「此有」的時間（性），就是築基於他自己的「到向」，而才有可能。為此，「此有」本身，便是他自己延伸

的時間(extended time)。至於祁氏所強調的個人的「選擇」，他必是認為：它是在個人與「永恆」（者）」（神）生發關係的現在(Present)中而產生。但是，海氏卻主張：個人的「選擇」，祇是在他自己的「到向」中生發；這即是兩者之間極大的不同之所在⑧。

其實，海氏既然強調選擇——即存在的設計，或：當下的決斷——，係生發自「此有」之往「到向」的運動中，這應是表明：「此有」自身的決斷，原本就是展向（到向的）存有的設計。而，就在自身的設計中，他必已接納了自己已是（即：被拋擲於世）的情態，而且能夠在預期有死的可能性中，速作當下的決斷（即：不陷溺於「現在」的「人們」之漩渦中）⑧。

這有如佛家之破我執一般，也如祁克果之把自己安置在絕望（槁死於絕望）中⑧，而終能獲致生機——即：握見純真的自我之可能⑩。

可是，和海氏觀點極為不同的貝提也夫(N. Berdyaev,1874～1948)，並不認為：祇有「時間」，才可以呈示人的純真性；他接著主張：唯有不受時間所圍限之存在的、自由的創造活動，始可能把握人的真正存有。因為，他逕視：自由的創造，係由存有的深壑(depths of being)——即：不受時間限制的另一層次的存在(existence)——所激生。換句話說，貝氏係認為：人雖然有死，卻不受「目的」，即以「未來」理解的目的所圍限；他反而是受到「創造性」，即能夠在「未來」中所實現的創造性的決定。

從而，貝氏隨即表示：所謂的「時間」，便是由運動、變化

和創造所呈顯出⑨；而箇中，祇有「創造性」——它把握了對「未來」的透視(perspective)——，才克服了時間。因而，就不必去設想那將來不可避免的死。

就此，筆者認為，貝氏的這項主張，應該是運用了祁氏的跳躍(springen；spring)方法，而亟欲逃出海氏的時間與命定(determinateness)的牢籠⑫。不僅如此，他還想擺脫一旦有了存在的時間，人就是有罪(sin)、為一罪奴(sinful slavery)、經常憂罪(sinful anxiety)，而且常被渾沌與自然的未知力(Chaos / the unknown force of nature)所充滿的生活模式⑱。

總之，由於海氏是從存有學上的「心境」之開顯此一角度立論，他的主張自是和貝氏有所不同。因為，他強調：「此有」唯有作為「不安」，貝氏之視「時間為憂罪」的感受，才有它成立的可能。而且，他的「不安」之心境，乃是向「到向」開展自己的存有之可能。

並且，唯有如此，基於預設了「死亡之可能性」的存在設計，即預期決斷(Vorlaufenede Entschlossenheit；expectant resoluteness)，才可開顯出「此有」——「到死之存有」——的純真的存有可能性。因為，作預期決斷的「此有」，就那最終無可變更的可能性，乃可以評鑑(appraise)自己（已是的情態），聚攏(assemble)自己的（到向的）所有可能性，並且也理解他當下（現在）抉擇的緊迫性⑭。

㈢ 「到死之存有」基於時間性的「到向」，即把握了自己的純真性暨全體性

　　上一單元曾提到，海氏認為：「此有」的自我開展，就是時間性本身；又，由於「此有」的開展，是以「不安」的心境作呈顯，亦即向自己的「到向」作開顯。這時，應可揣知：「到向」此一現象，它在海氏的心目中，當是與「時間性」有極為密切的關係。

　　為了探討這項問題，筆者擬由以下兩個角度研討起：

1. 「到向」是時間性的原始基礎

　　前面說過，「掛念」呈示出「此有」的存在性、現實性和陷溺性，而且這三者，都是以「時間性」為開顯的基礎。個別的說：「心境」是由於「此有」自己的被拋擲（已是）而呈現的；「理解」是因為「此有」逕往自己的存有可能性（到向）作設計而成立的；「陷溺」則是因為「此有」已在世間所遭遇的存有者之旁（現在）而托顯出⑯。

　　但是，由於海氏主張「時間性」是具有「向外動向」的性徵；所以，所謂「理解」的基礎，即「到向」，因而，同時也會呈顯成「已是」之過程當中的「現在」。而，所謂「心境」的基礎，即「已是」，同理，它也會自顯成我們逕往「到向的」運動之中的「到向」本身。因為，唯有「此有」已經作為（我）存在

(Ich bin……; I am…)的「已是」，他才可以走向「到向的」自己，而歸回(Zurückkommen ; come back to)自身之內⑯。

這裡，「走向自己」即是表示：「到向」的最原始的現象。而，原始的走向自己，因而便表顯作：「此有」在自身的存有可能性中，迴回到作為已是（被拋）的自我(the thrown self)。就此而言，「回到自己」也便是涵指：「已是」之最原始的現象。

於是，在「走向自己」、「回到自己」的動向中，作為存有「在此」(da ; there)的「到死之存有」，他所作的存在設計，便擁有了它的基礎。這個「基礎」，就是：在「已是」的過程中，而迴往「到向」作開放。換句話說，這裡所謂的迴往「到向」作開放，乃是表示：時間性的向外動向之模式，即：「已是」和「現在」之得以成立，便是以「到向」作為它的基礎。

雖然「現在」就是（「此有」讓自己被遭遇，而）理解及手存有者之可能的條件，也是對「真」之「存有」作預期理解的可能基礎⑰──因為，透過「現在」這個界域，存有者才可以像光一樣地呈顯他自己的存在⑱；它因而也可以說，就是涵指：人在蒐集(sammeln ; collect)自我，並選擇自我（純真性）的當下情境。而「已是」，則成為：「此有」的記憶(Erinnern ; memory)和重溫(Wieder[herauf]holung ; repeat)，之在「現在」此一整體之內的剎那⑲。

不過，對於「到向」而言，它本身卻是(ist ; is)執握了「已是」──即提供抉擇的剎那⑳，而藉當下的行動，以導出「已是」（諸種未呈顯的可能性）；並且，也先於自己而來設計自我㉑的原始時間本身。

　　由而，身居「設計的到向」之情境的「到死之存有」，他本身之「存在」的自我開展，在本質上，就可以說是時間性之到向自身的展現。因為，「到向」之導引「已是」，乃是藉著類似註釋(exegesis)「已是」（諸可能性）的方式，以批判「已是」和「現在」的行為。又，由於「此有」本身已先於自己，而關心從「已是」的脫出；因此，他便可以透過「現在」，以開顯自身「到向」的純真可能性暨存有全體性（包括了有死之可能性）。

　　從而，我們便可以說：海氏的「此有」自身的開展，就是「此有」本身的時間性，之透過它自己的三種向外動向的性徵而作的自我呈顯㉚。

　　至於作為原始時間性本身的「到向」（參前），因此，就可以稱作是：「時間性的原始根基」。

2.　「此有」是「到向的」

　　話說「到向」，既然是時間性的原始根基，它的自我開顯，乃必然呈示出「已是」和「現在」；而後兩者各自開顯的方式，也必雷同於前者㉛。

　　但是，總括的說，透過「此有」的「日常性」，以呈顯他的「存有之真」的「此有」的時間性，卻原本就是秉具「到向（性）的」特質的。因為，就「開顯」而言，時間性的向外動向的性徵，之能夠在「此有」於面對「到向的」存有可能性之際以呈現自己，這個前提，當然要以「此有」本身即是作為「到向的」存有──即作為「走向自己」暨「回到自己」的「到死之存有」──，才有其可能。

因為，要是「此有」不存在(ist；is)，自然就談不上「開顯」。然而，若沒有「開顯」，時間性便無法呈顯自身之向外動向的性徵；由而，也就蒙蔽了「此有」的存有之真。

㈣　「到死之存有」對「到向」作預期決斷，奠定了「存有即時間」的存有意義

1.　時間性是「存有」與「真」的存有界域

剛才說過，「開顯」之所以可能，要以「此有」已存有於世才有可能。至於「此有」一旦存有於世，這即是表示：「此有」即在為自己作設計。因此，「此有」的設計——或稱：「此有」的預期決斷——，當是開顯的，亦即是一種開顯的設計。

原因是，就德文的語源學而論，決斷(die Entschlossenheit；resoluteness)與開顯(die Erschlossenheit；disclosedness)，它們在字面的意義上，則是具有某種程度的關聯性㉚。海氏深明其義理，便運用了這種巧妙的關聯，以討論時間性與「此有」和「真」的相關問題。

談到「此有」與「真」的問題，在上一單元，已約略提過，即：「現在」是作為理解及手（性）存有者的可能的條件，同時，它也是對「真」之「存有」作預期理解的可能基礎。就此，我們應可知悉，海氏所談述的「真」，無非是指：當人在掛念世界之時，他在自己的身上，即能開顯出世界「存有」的「真」。這也就是表示：能讓每一個（為「此有」所遭遇的）存有者是其

所是，即自由地從隱藏（現象）而開放，同時以呈顯自己的「真」㉟。

當然，這種的「真」，並不是指（客體）事物和認識主體之間的相符的真。由於海氏一向強調「此有」課題暨「存有」理解，自此我們因而可知：海氏心目中所謂的「真」，就是涉指「存有」自身的開顯、無蔽的揭示。而，相映於「存有」的開顯，「此有」本身也是在自由地開放自己。

因此，對海氏而言，「真」便與「存有」同其原始。沒有了「真」，就無所謂的「存有」㊱；反之，亦然。然則，一旦有了「真」，有了「存有」，卻也要因為有「時間性」本身的自顯始有可能。

至於論及時間性，它的原始基礎何在呢？即在於「此有」通往「到向的」運動中。衹是，「此有」在通往「到向的」運動中所可能呈示的，卻是他本身存在的決斷。然而，箇中所出現的一個難題，就是：什麼是純真的設計之可能性？「此有」由於對此難以作出確當的決定，所以，才容易受到「人們自我」的觀點的迷惑，而導致「存有之真」的隱藏㊲。

因此，海氏便說：「此有」設計的可能之基礎，必須奠定在「掛念」它開顯的「無」以及「死亡」的存有真理上；如此，始可能把握到「真」之「存有」的意義㊳。

就此，筆者便想作出下述這樣的結論：所謂純真的「時間性」的結構和「存有」的結構，它們總蘊涵著蔽與顯、縮與呈的示現(presencing)。

然而，唯有敞向包括「現在」與「已是」的「到向」——即

純真的原始時間性本身──，「此有」才有可能把握到「存有」的意義㉙。畢竟，它已提供了「時間性，就是『存有』暨『真』的存有界域」之最直接的詮明㉚。

2. 「存有」即「境界」

話說「此有」的開展，即開顯成「時間性」；這是因為時間性本身，原就具有向外動向的性徵之故。然而，筆者卻要說，時間性之能有向外的動向，雖在表示：到向、現在與已是，本是時間的外現的(external)性徵；但是，若就「此有」本身而言，時間性卻也是內現的(內在的；internal)。

這是因為，從「此有」的「空無」之兩極──即被拋與死亡──，以涉論海氏的「此有」自身的「時間性」所能夠獲致的。這也就是指，「已是」（被拋）與「到向」（死亡），它們原是「此有」倚藉本身（已先於自己）之不斷的接受（可能性）和主動的決斷，而在「現在」中所一再地造現的㉛。

再者，也祇有「此有」能作為光一般地「在此」自顯，他才可以如同「時間性」本身，不斷地趨向自己的外現(externality)。所以，就這個意義而言，「已是」和「到向」便祇是為了構成我的「現在」──此一有限的境域──，而使「此有」自身的「存在」，得履現出它自己決定要履現的可能模式㉜。然而，「此有」一旦開顯自己的存在性時間，他也必同時呈現他自身純真存有的歷史性(Historizität; historicity)㉝。

這是表示：「此有」的「存有」，在它自身歷史性的開顯中，即是呈現作人類活動的一項結果㉞。因為，「存有」之履現

自己的「過程」——即以「存有」繼續作自我呈顯為其目的㉟——，也就是「此有」（到死之存有）其存在的關注之意向，以及由決斷所修正（變更）而開顯出來的「境界」。

上述這種的指謂，當在指明：海氏的「存有」——它的本質，即包含著「（空）無」與「存有」這二而一元的特性——，係自顯作：光照、揭現與呈明本身此一整體的「歷程」；而不是什麼靜態的實物、實體或原理㊱。

參酌先前所提：「（不安的）基礎，就是無基礎：渾淵」(The Ground is Abgrund：Abyss)，我們若分析「存有暨歷程」(Being-Process)這個現象，則應可得知：這「存有暨歷程」之不可知、又不可及的「根源」，沒有別的，而就是「存有暨歷程」本身㊲。原因是，「存有」本身，原就呈顯出具有動力的性質，即一種具有創造力的「在面前」(Anwesen；present)，以及向前進行著的功能(Das Aufgehende Waten；spring forward)㊳。

因此，「存有」就因為自身具有動態的性徵（如：Physis），它才為了自身的活動，能自己放光，自己參與著「無」，而且自己也開顯作「存有而無」、「無而存有」的「境界」。

3. 預期決斷開展「此有」的歷史性

以上，曾提到海氏對於「歷史性」的態度，即：「此有」一旦開展出自己的存在性時間，這就是表示，他正在呈示自己純真存有的歷史性。其實，這種的觀點，它基本上是奠基於下述這項的理解上：「此有」於逕對自己的「到向」開放之際，而呈示他

對於「存有」是無蔽的；同時，「存有」自身的開放，也表示它對於「此有」是無蔽的。

有人或許要問：海氏何以認為僅僅透過這個角度，就可以理解「此有」的純真歷史性呢？筆者認為，箇中的原因，應該是：誠如先前所述，「掛念」是可以呈示「存有」原就具有空無性，而且「此有」，除非先要把握這參涉「存有」與「時間」之歷程中的「無」，他才能夠經由「理解」而預先握見自己的「非存有」──「死」。

再者，鑑於自己有死亡之可能，「此有」便不致陷溺於人們裡以及世界之中，反而會站在獨特的自我立場──即獨自逕與「存有」相呼應──，單為他自己的存有之開展以設計自己⑳；這種的設計，便是存在的決斷。

因此，我們可以得知：「決斷」之生發，它對於海氏的論點而言，可是相當的重要。因為，唯有生發出「決斷」，它才可能把握「此有」的「到向」；而且，也唯有「決斷」之得以成立，它才構成「開放」暨「真」的先決條件。

委實，「決斷」既然能構成「開放」暨「真」的要件，它便能夠使「此有」之存有在此的「意義」得以揭現；亦即：使時間性自身，以及以時間性為可能成立之基礎的純真歷史性作自由的揭現。會有這樣的論點，乃是鑑於海氏曾堅稱：「決斷」可以握見「此有」自身的一整體的存在性時間；即指：「此有」是以面對「到向」（存在性），迴向已是（被拋性），而在當下、現在的處境（現實性）中作抉擇；這便顯示「此有」自身的開展 (ausdehnen ; extension)㉑。

就此，我們便可以了解，海氏何以管「此有」（在時間中）之開展自己，就叫做「此有」的生發(Geschehen;the process of happening)。因為，這裡的「生發」，是指涉著：「此有」其存有在世的存在結構，即構成了我們純真自我之理解的可能性，以及純真歷史性的特性⑳。

又，這也蘊涵著：「此有」的存在「決斷」，便是促使其自身的純真「歷史性」之作自我開展的基礎。

4. 「此有」的生發即是「命運」

雖然，海氏經曾指稱：「此有」的決斷，可以開展自身純真的「歷史性」；這裡的「歷史性」，其實可不同於一般所謂的客觀的「歷史」(die Geschichte ; history)之意義。

像海氏就表示，一般的（客觀）「歷史」，是指：過去〔（即不再對「現在」具有影響力的「過去」(Vergangenes ; past)〕和過去的起源(die Herkunft;derivation)，以及在「時間」中改變之物的整體與傳統(Uberliefertes ; tradition)所遺留下來者㉒。而，海氏自稱的純真「歷史性」，則是指涉「此有」的本質結構，即基於「決斷」所成立的。

因為，「此有」的設計，便是對「不安」的接納，也就是在沉默中作「決斷」。這樣，則可以使「此有」倚藉迴向「已是」，而擇取傳統遺產(Erbe ; heritage)中仍存留的真實可能性，以促其實現；並且，也藉此以對存在的「到向」生發影響力㉓。

既然「此有」的決斷，秉具如此的特別作用，它自是表示：

「此有」即是屬於「命運」(das Schicksal；fate)的「此有」㉔。海氏認為,唯有「此有」屬於命運,他在所屬的真實環境與時代中,才可能承擔起歷史性的命運,以成就他作為具有純真歷史性的人生㉕。

我們針對海氏之主張——即「此有」的生發,就是一種「命運」的觀點——,以論衡他的「此有」所秉具的存有可能性之「本質」;從而,便可推知:「此有」秉持的一切可能性,可以說,都是由歷史的遺產所產生㉖。因為,「此有」具有的(歷史)時間性,原就指涉著:「此有」秉有有限性和被拋性。

這是表明:「此有」已受制於過去、或社會……等狀況中,並且也置身、又結合於歷史的遺產內。所以,他的(諸多)可能性,並非作主動的自我創現,而是早就受到「已是」(過去)的決定㉗。

這也就是指,「此有」在有死亡的可能性之前(在此,他便是作為有限自由之意義下的一個自由的存有),雖然可以基於自身的「到向」而生起純真的決斷,但是,這發生自純真歷史性的「決斷」,在基始上,卻是導向他本身之作為「命運」的存在暨存有意義:被拋性㉘。

就此,所謂的「命運」,又可(被)稱呼作:「此有」的真正生起(發)、對拋的生起,或決斷的生發。於是,所謂的「歷史」,就是在一種生發意義下的「此有」的真正統一;就是「在世存有」——作為一個「到死之存有」——的生發歷程㉙。而,所謂的「歷史性」,在此,便作為「此有」的「存有」——即開放性、自由、真理——,其生發之時間性的一項履現。

　　然則，由於「此有」也是作為一個關切（他人、他物）的「共同存有」（參前），他的選擇，同時也便會展示出「共同此有」的歷史性，即與他人共有的時運(das Geschick；destiny)㉘。換句話說，這是表明：「此有」是作為在社群中共同生發的一個存有：這種「共同（的）生發」(Mitgeschehen；happen-with)，就叫做「時運」㉙。

　　因而，海氏特就「命運」的純真性而遂稱：「完全純真的『此有』之生發……，是由『此有』之作為時運的命運所構成」(Das schicksalhafte Geschick des Daseins……macht das volle, eigentliche Geschehen des Daseins aus；Dasein's fateful destiny in and with its ‘ generation ’ goes to make up the full authentic historizing of Dasein)㉚。

　　再者，我們若從「命運」的存在性而論「命運」，則可以得知：它也展示出「此有」係藉著理解自己（包含對他人、或其他存有者的理解），以作為一個自由選擇的存有。這個自由選擇的存有（人）其歷史性的開展，因而，也就是「此有」自身據用其自我可能性的「具體」意義──即指：詮釋自己（在當下）是如何(Wie；how)的理解，並把握自己（已是與到向）的時間性，以及怎樣與他人（已是和到向）的時間性發生內在的關聯──之歷程的開展㉛。

　　同時，這也引伸出：「此有」在面對自己可能的「死」（即：「此有」的命運）之際，他之詮釋自己的同時，也正是在解說自己正關切著別人的（死亡之）命運。

　　因此，所謂的「死亡」，在「此有」實質上(essentiell；es-

sentially)係與「共同此有」（即：他人）共同生發關係──稱為
「時運」──的意義下，也就成為「此有」之與他人共有情境中
的一個存在的「可能性」。

筆者認為，這則顯示出海氏的「死亡觀」，在存有學上，已
有可能發展成「死亡存有學」〔詳見「本論」之四（二）〕的具
體基礎。

總之，筆者要說，「此有」的「命運」此一題材，一旦受到
了奠定，這才可以替「時運」此一現象建立存在的基礎。又，由
於「此有」的本質，係在為自己作「決斷」、為自己而生發
（即：命運），他的存有全體性之開顯，遂同時可以稱作是：他
的預期決斷和重溫(die Wiederholung；repeat)之剎那過程的時
間性的自我開顯。

再說，由於「此有」的生發，實質上係與他人相關聯㉔；因
此，他的命運與時運，自然也要以「此有」的「決斷」為基礎。
由而，我們遂可得知：「決斷」的生起，在本質上，便開示出
「此有」之生發的意義──「命運」。

5. 「決心」開示決斷的軌向

先前提過，「此有」──作為「到死之存有」──，是基於
自身的「到向」，而生起純真的決斷（這便是「命運」的本
意）。這當是表示：「此有」的迴向自己（已是）與回到自己
（到向），而且能在當下（現在）握見自己存有的可能性，這就
呈顯出「此有」，已把握了自己的純真性暨全體性；或者說：
「此有」，已把握了自己純真存在的存有性時間㉕。

又，這種能夠把握時間性本身的「存有」——「到死之存有」——，他也是一個可以實現作「在情境中的存有」(to-be-in-a-situation)⑯。

當然，「此有」之在存在的「情境」中作決斷，他就必須面對已被投入的現實界的不確定性，而且又與不確定性不可分(Zur Entschlossenheit gehort notwendig die Unbestimmtheit；The indetemination must connect with the resoluteness)⑰。不過，這並不表示：正在作決斷的「到死之存有」，他了無抉擇的方向(Richtung；direction)。他抉擇的方向，當是：基於「到向」（包括已詮釋了「已是」的真實可能性）這一方位，而從「此有」本身所生發出的「決心」之動向。

換句話說，這是由於「此有」的「到向性」，結構了人的存在之基始的方向性(Primary directionality)⑱。因此，「此有」生發決心的動向，便呈示著：「此有」純真對待「到向」的態度，始是純真地評定「現在」和「已是」之必要的條件。

再者，我們由此以論衡海氏的「到死之存有」的自我設計，便可以說它是有「目的」(die Absicht；purpose)的；這個目的，便是「到向」自己的存有可能性。因而，在此一意義下，海氏的「到死之存有」，基始上便是一個有目的性的存有(purposive being)⑲。

畢竟，稱述海氏的「此有」即是一個有目的性的存有，這可不同於依據心理學的角度，以評析海氏的「歷史性」之觀點的羅騰斯揣希（Nathan Rotenstreich，二十世紀）的見解，像他就說：

(1)　海氏理解自己，並預期自己的「死」（以作為自身存在的
　　　目的），這個「死」應當（給）理解成：滅亡(doom)；

(2)　一般的歷史基礎，雖是繫賴於「歷史性」，不過，在基本
　　　上，卻應該是繫賴於「個人」當中之「非個人（性）」的
　　　基礎。所以，海氏逕視「個人」為第一序、「非個人」為
　　　第二序，這誠然是混淆了先後秩序，而且也忽視「歷史」
　　　原本就是一個具有非個人性、歷史世界，以及公開論域
　　　(public domain)之特徵的歷史㉔。

　　針對羅氏的這種批判，姆瑞（M.Murray，二十世紀）在自
著的《海德格與當代哲學》(Heidegger and Modern Philosophy,
1978)一書中，卻是對海氏提出了相當的辯護。至於他辯護的觀
點，自也是基於海氏本人的「存有學之區分」該原則，而詳作申
論的㉕。

　　總之，筆者認為：海氏的「此有」之設計（決斷），當是憑
藉他的原始方向性，即「到向（性）」，以作為開示自己的「存
有」可能性的徑向。

　　因此，在基始上一旦有了「到向」這個方向性，那麼，「決
心」的生發，便有自身的導向；從而，便使「此有」當下的「決
斷」，作出了自由的顯示。

㈤ 作為「掛念」的呼聲——良心，是存在證實的出發點

1. 「開顯」是時間性的意義

由以上綿密的分析，終於可以把海氏之基於「到向」並發自「決心」的（當下）決斷的動向，可以理解成：是沉默的準備接受「不安」，並朝向純然的自我存有之可能性而作設計。

就此而言，「此有」的當下決斷，應是表示：「此有」刻正朝向自己的「存有」而作開放；同時，它也表明：正促使「存有之秘」，能夠「在此」一「境界」中作自由的自我呈（開）顯。

畢竟，「開顯」即是「此有」能夠理解（其）「存有」的重要步階；在存有學上，它更結構了「存有」暨「真」之基礎——即時間性——的存有意義。這也就是指，唯有在「開顯」中，時間（性）之向外動向的性徵，便賦予「此有」設計自我的存有可能性——這又指：「掛念」的「預期決斷」——之存有學的原始基礎。

2. 「掛念」即是「無」，即是「負責任」

記得在先前已提過，就存有學而言，海氏的「存在觀」是：存在就是「超—在」，就是自由，就是不安；並且，又說到：「不安」可以使「此有」感知到「自我」，即是一個孤立的「到死之存有」。這時，這「不安」的角色是：可以開示「存在變更」的心境，終而使「到死之存有」真正成為一個純真的「到死

之存有」。

　　然而，我們如果從「掛念」的角度，以涉論這純真的「到死之存有」；那麼，我們就將得知：這純真的「到死之存有」，在根本上，其實就是一個業已理解自己係因為被拋擲（因此，它的本質就呈顯為「無」）在對「無」的設計中——為此，人的存在基礎，便是：無基礎（即：不安）——，而使自己成為一個既自由、又純真的存有。

　　針對海氏的這項論點，筆者的淺見，是：人（或「此有」）之當下感悟出這項「自由」的可能性之「刹那」，它才是基於「到向」，而發出「決心」的「決斷」之生起的起始、過程與目的。

　　再者，能夠感悟這項「自由」的可能性之基礎，若以海氏的循環理解之方法（參「本論」之二）而言，則應可推出：是由於「掛念」自身、或因為「掛念」本身主動發出的呼聲(Ruf ; call)所使然。又，這「呼聲」的存有意義，從海氏的現象學暨存有學（或：存在分析暨詮釋學）的觀點來理解，便可以叫它做：良心(das Gewissen ; conscience)⑳。

　　其實，先前曾論到的「決心」之生起，以及「到向」之作為掛念的預期決斷而把握到的「原始方向性」，它們到了最後，就都得追溯到這「掛念」本身的自我召喚：良心。至於「掛念」所召喚的「對象」，無非就是「此有」自己的純真的自我。

　　因此，若能倚藉理解，並透過言語模式(Modus der Rede ; mode of speaking)，以向「此有」作呼喚的良心之聲音，這就叫做：「願意有良心」(Gewissen-haben-wollen ; wanting to have a conscience)⑳。

由於海氏對「良心」的詮釋，也是運用「存有學之區分」的
原則，擬把握它原始性的存有意義；為此，我們可以詮解：海氏
談述的「良心」——有別於一般的詮釋㉚——，它對於「此有」
之獲致自身的存在暨存有的意義，可具有積極（性）的作用。何
以作如此的詮解呢？理由是：

海氏雖然逕把人的存在視為「在世存有」，但是，這「在世
存有」的存有性徵之一，即：他本身的「心境」，卻可以把自己
呈顯成是一個可以理解自己的存有（者），並且又勇於促使自己
去面對著「無」（因為有死亡之可能），而作為純真的自我。畢
竟，就現象學的分析之結果，「死亡」自身即顯示為「無」。因
而，凡是能夠理解自己確實有「死（亡）」的可能性（即：
無），從而以作存在的自我決斷者；他的「決心」生起之源，應
該是指：他在自己存有的可能性中，已傾聽(hören ; hear)了內在
良心的呼聲之所致㉚。

又，就緣於人擁有朝他逼近而來的「死亡之可能性」，他
「掛念」的本質，才會呈顯為「無」。為此，無怪乎，海氏會認
為：「掛念」祇透過「此有」自己，而呼喚出自己；它的目的，
無它，就是為了「此有」。

＊　　　　　　　＊

其實，「掛念」的呼聲，會呈示作良心的呼聲，它的目的，
應該也是：「此有」係為了自己（到向自己），而才要呼召自
己。祇是，就海氏的瞭解，此一呼聲的「內容」（雖然是

「無」），卻經常違背「此有」自身的意願和期望⑳。

再說，良心的呼聲，縱然是針對那陷身於人們漩渦中的存有者——它的目的，就是希望「此有」能聽取它靜默的召喚，而回到自身的存有的可能性之境界——，不過，它本身的來源，卻不是來自「彼世」。這良心的呼聲之源，它不但出現在我們每個人的「自我」裡，而且也呈顯在「超我」之上⑳。儘管它說的雖然祇是「無」，但是，它卻不斷要求自己的「此有」有所趨近⑳，並且能為自己有所作為（即：速下最後的決斷），有所努力⑳。

由此看來，先前指稱的「決斷」之源即是「到向」，在此，似乎是得到了有力的佐證；即：「決斷」的起源與方向，便是以「良心」自身為其依歸。

又，海氏所強調的，即「此有」遂作自由抉擇的可能性所呈示的積極意義，便是：「此有」（作為「到死之存有」）的預期決斷，即具有「希望」(die Höffnung ; hope)的可能性。換句話說，所謂發自「決心」的「決斷」的動向，可不是朝向一片的虛無(chaos)，而應該是有它的秩序的模式(ordered pattern)；亦即是，基於原始的人性的普遍結構(universal structure)⑳，而有它運動的軌向。

既然「決斷」是「沉默的準備接受不安，並朝向純然的自我存有之可能性而作設計」（參前）；所以，一旦把握了「不安」，便可以說，即擁有了「良心」。因為，持有了「良心」，便不復覺得凡事總翕合於心，而且又有在世的歸宿感(no-longer-being-at-ease;no-longer-feeling-at-home-in-the-world)。

為此，由「此有」的被拋與設計都呈顯出「無」，並且良心

也昭告著「無」的觀點看來，海氏之以「無」為其本質的「掛念」，其實就是「無基礎」，就是「不安」，或者就是負責任 (die Böred ; responsibility)。

再者，「此有」自身既作為負責任（肯）（因被拋擲於世，而作為「無」中的「存有」），他便為有罪(Das Dasein ist als solches schulding ; Dasein as such is quilty)⑳。

至於海氏所說的「有罪」，自然是指存有學上的「負責任」。而，這裡的「負責任」，則與「掛念」同義。因為，「掛念」既然呈顯為「無」，所以，它的本質就是「有罪」，即要負責任。

為此，因而可以說：所謂的「負責任」，它即是海氏涉指的「無（性）」(Nichtheit ； notness) 之在存有學上的意義㉚。

*　　　　　　　*

此外，良心的呼喚之會昭告「此有」有罪在此，這自是表示：這項「呼喚」，是特別關切那已先於我，並且已作設計的「導引」部分。這是指，「存在」假使不具有「無性」，便沒有罪。因此，「罪」便是在「存在」之「無性」中的「存有」。

因此，一旦有了「罪」，「此有」就非得接納自己空無的設計不可。而，「此有」會如此的選擇自己，便可以說：「此有」已對自己負了責。既然已對自己負了責，「此有」應該就能自由地接納自己的「死」，並且勇於接納自己「虛無的未來」(nihilistic future)。

其實，筆者認為，我們探討海氏之對「良心」現象的詮釋，就不應或忘：他一向的宗旨，祇是想克服傳統思想之對「存有」的遺忘，而擬進入「記憶『存有』」的開放思想(das andenkende...... Denken ; memorize the thought of Being.....)中㊲。就因為這樣，帕特卡（F.Patka，二十世紀）便對海氏提出的「良心呼喚」有所批判：海氏因為重視「良心」，如此則有可能導致不把人視為「『存有』的中心」(the center of Being)，而巡視他僅是作為「存有的拋擲」(a throw of Being)這項結果。

如果我們衡酌先前之所提，即：海氏巡視人乃是「存有」的守護者、或牧人，以評判帕氏的這項言論，箇中應是有些的道理在。不過，我們若能詳細考究海氏的現象學暨存有學的詮釋內涵，便不難看出：帕氏似乎不真明白海氏的「人」──「此有」──的本質之所在。

這個「本質」就是：「此有」也是一個「對拋的存有」㊴。雖然海氏不否認人的有限性，但是，他卻祇在爭求人於有限意義下所擁有的這份「向死之自由」。就是因為有「良心」的指引，這個「良心」，便成為「此有」存在於世暨奮鬥的出發點。

儘管史彼爾（J.M.Spier，二十世紀）據此而認定：海氏的心態，係具有欲使基督（宗）教降格為世俗化宗教的色彩(secularization of Christianity)；祇是，依筆者的淺見，海氏的沉思「模式」，雖然有點類似基督教的思考而富涵神秘的意味，但是，若就他一再強調「存有」理解、或存在分析（又稱：現象學之詮釋、詮釋學）的角度而言，他卻不認為，「存有玄秘」是真不可知，而且又是神秘。

　　的確，海氏並不像一般的宗教家之強調玄秘，反而堅稱：他的「存有學」，自始即是一切宗教蘊義、或其它有關人之詮釋的學理基礎。

　　這種的觀點，特別是從海氏在晚期思想中，之一再強調人類必須自作選擇，以及強調理解「存有」、思考「存有」，則可以看出。因為，在現今的工業社會中，人的純真（性）幾已消失殆盡。為此，海氏更認為，祇有古老詩歌，才足以托顯出人類的原始、又真樸的本性。再者，人類唯有進入「思考」（存有）的境界，這才可以促使我們敞向神秘（密契）的領域㉟。

　　如此，在「思考」、又「決斷」中的人，便足以奮勇接納不安、罪與死㊱，而且又依良心的指引，以擇取自己最真實暨最純全的存有可能性㊲，從而，即可履現出自己最真實、又最完美的存有。

附　註：

① M. Heidegger, Sein und Zeit, p.151。

② 項退結：現代存在思想研究，第九十頁。

③ M. Heidegger, op. cit., p.12。

④ Ibid., p.235; M. Heidegger , Existence and Being, p.16。海氏雖然迭對祁氏有所批評，但是，他的「不安」、「懼怕」……等概念之意涵，還是受到祁氏的啟迪；尤其，後者所使用的「可能性」、「重溫」與「扶擇」等字彙，可以說更對海氏造成了決定性的影響〔參閱P. Thévenaz, What is Phenomenology？(Trans. by J.M. Edie), p.58〕。

⑤ J.M.Spier, Christianity and Existentialism, p.30。

⑥ 參閱鄔昆如：西洋哲學史，第六一一頁。

⑦ 雷登·貝克等著，葉玄譯：存在主義與心理分析，第五十九頁。

⑧ F. Copleston S.J., Contemporary Philosophy, p.183。

⑨ M. Heidegger , Über an den Humanismus(Beriln,1954),pp.24～25：
"Den Mensch ist nicht der Herr des Seienden. Der Mensch ist der Hirt des Seins ……."

⑩ 海氏論「自由」，是指：「此有」（人）自我的開放，亦即開向「存有」。這則表示：人與「存有」具有「自由」的關係。參James Collins, The Existentialists, p.201。

⑪ M. Heidegger, op. cit., pp.31～43。

⑫ J. Collins, op. cit., p.201。

⑬ 梅加利·葛琳著，何欣譯：存在主義導論（台北，仙人掌出版社，民國五十八年），第九二～九三頁。

⑭ J.M. Spier, op. cit., p.30。

⑮ Magda King, Heidegger's Philosophy, p.165;另參Calvin O. Schrag, Existence and Freedom, p.56。

⑯ M. Heidegger, Sein und Zeit, p.117；項退結：前揭書，第九十二頁。

⑰ M. Heidegger, Existence and Being, p.54。

⑱　David E. Roberts, Existentialism and Religious Belief, p.154。

⑲　Ibid。

⑳　雷登・貝克：前揭書，第一〇九頁。

㉑　弗朗格(Viktor E. Frankl)著，譚振球譯：從集中營說到存在主義 (From Death-Camp to Existentialism)，台北，光啟出版社，一九六八年，第八二頁。

㉒　沈清松：現象學與解釋學之比較，第十八頁。

㉓　雷登・貝克：前揭書，頁一一〇～一一一。

㉔　同上，第一二四頁。

㉕　M. Gelven, A Comentary on Heidegger's Being and Time(New York: Harper Torchbooks, 1970), p.112。

㉖　M. Heidegger, Sein und Zeit, p.234。

㉗　項退結：前揭書，第一二四頁。

㉘　J. Collins, op. cit., p.198。

㉙　M. Gelevn, op. cit., p.145。

㉚　M. Heidegger, op. cit.,第十四節。

㉛　M. F. Sciacca, Philosophical Trends in the Contemporary World, p. 193。

㉜　The New Encyclopedia Britannica(V.10,1978), p.116。

㉝　W. P. Alston & G. Nakhnikian(eds.),Readings in Twentieth-Century Philosophy, p.684。

㉞　W. T. Jones, The Twentieth Century to Wittgenstein and Sartre, p. 293。

㉟　J. M. Spier, op. cit., pp.30～31。

㊱　M. Heidegger, op. cit.,p.54。

㊲　Ibid.,；另參項退結：前揭書，第九十一頁。

㊳　雷登・貝克：前揭書，第五十五頁。

㊴　項退結：前揭書，第九十一頁。

㊵　J. Passmore, A Hundred Years of Philosophy, p.490；另見 A. R. Caponigri, Philosophy From the Age of Positivism to the Age of Analysis, p.267。

㊶ M. Heidegger, op. cit., p.86。

㊷ Magda King, op. cit., p.108。

㊸ O. Samuel, A Foundation of Ontology, p.35。儘管如此，田立克(P. Tillich，1886~1965)和布特曼(R. Bultmann，1884~1976)等人，卻引用海氏的思想，而在他們個人的神學領域裡大肆的發揮。

㊹ F. Copleston S. j., op. cit., p.183。

㊺ 海氏曾指稱：「掛念」的「照料關係」，為一「不純真的共同存有」；而「關切關係」，則是「純真的共同存有」。

㊻ A. R. Caponigri, op. cit., p.267。

㊼ 試比較註㊺；海氏之作如此的區分，則頗類似康德的區辨手段(means)和目的(ends)之不同。

㊽ M. F. Sciacca, op. cit., "…… to gain world amounts to becoming lost in it."

㊾ J. M. Spier, op. cit., p.31。

㊿ 波亨斯基：當代歐洲哲學（中譯），第一二五頁。

(51) 考夫曼編著：存在主義哲學，第二六九頁。

(52) M. Heidegger, op. cit., p.86,；另見M. Buber ,Between Man and Man, p.165。

(53) M. Heidegger, op. cit., p.117。

(54) M. Buber, op. cit., p.169。

(55) 鄭重信：存在哲學與其教育思想，第一八頁。

(56) 鄔昆如：存在主義論文集，第一四七頁。

(57) 海氏的觀點，頗雷同英、美社會學家的批判之見解；祇是，海氏對這「現象」的詮釋，卻避開社會科學的語彙，而強調存有學（即：「存有」理解）的意涵。

(58) M. Heidegger, op. cit., p.130。

(59) John Passmore, op. cit., p.491。

(60) M. Buber, op. cit., p.171。

(61) Ibid., p.181。

(62) Ibid., p.172。

(63) Ibid., p.174。布柏之意，係指：海氏的「此有」，乃缺乏與他人有著

我(I)和祢(Thou)的實質關係。

㉔ M. Heidegger, Time and Being, pp.65～69。

㉕ 宋榮培：海德格的「存有」概念，第九十頁。

㉖ 考夫曼編著：前揭書，第二六〇頁，見海德格：「回到形上學基礎之路」一文。

㉗ Encyclopedia, V.10. p.740。

㉘ J. M. Edie, ed., op. cit., p.58。作者指出：海氏在未出版《存有與時間》(1927)一書之前，便指稱：「此有」之「在此」(da)，即為一個可揭示之域(ein Umkreis von Offenbarkeit；an range of manifestation)。

㉙ M. Heidegger, Sein und Zeit, p.180。另見 Magda King, op. cit., p. 52。

㉚ I. M. Bochénski, Contemporary European Philosophy, p.165。

㉛ 在此，筆者則要指出，海氏的這種「思考模式」，可能是受到新約福音的影響，像在腓立比書第二章第15～16節裡，就說到：你們「顯」在這世代中，好像明「光」照耀，將「生命的道」（海氏則言：「存有」）表明出來……。又，在以弗所書第五章第13節，又提到：……一切能顯明的，就是光……。

㉜ 項退結：前書，第九十四頁。

㉝ M. Heidegger, op. cit., p.134。

㉞ 海氏的這種觀點，可不同於謝勒(M. Scheler，1874～1928)。在海氏看來，「心境」是支撐所有理性知識的基層；而謝氏，則認為：我們之擁有抗拒的體驗，這才提供有關外在「世界」的知識。參W. Stegmüller, Main Currents in Contemporary German, British and American Philosophy, p.157。

㉟ M. F. Sciacca, op. cit., p.194。

㊱ W. T. Jones, op. cit., p.314。瓊氏（W. T. Jones，二十世紀）指出，海氏的「此有」之被拋，即表示：他的陷溺性原就是不純真性；祇是，他的生活，因為充滿了「掛念」(die Sorge；care)，這才同時呈顯出他的純真性。特別是，經由「心境的理解」，「此有」理解了他自己有「死亡之可能性」；由而，透過理解、並把握自己的全體

性存有，這才能夠喚醒「此有」，速從不純真性以轉變成純真性
（的存有）。瓊氏的這項見解，筆者認為，可相當的中肯。

⑦ M. Heidegger,op. cit., p.56。在海氏而言，「此有」之發現自己的存
有特質——「現實性」——，這種的「發現」，是與由視覺的凝視作
用，而把握的手前存有者之存在的「事實性」(die Tatsächlichkeit)
截然不同。

⑧ Ibid., p.134。

⑦ W. Stegmüller, op. cit., p.156。

⑧ M. Gelven, op. cit., p.113。

⑧ M. Heidegger, op. cit., pp.139、182、190。

⑧ J. M. Edie, New Essays in Phenomenology, p.31。

⑧ 祁氏的「憂懼」(dread)，可相當於海氏的「不安」(die Angst；
anxiety)；祇是，後者卻是具有存有學的意意涵，意義自與前者有所
不同。

⑧ M. Heidegger, Existence and Being, p.45。

⑧ W. Stegmüller, op. cit., pp.144～145。

⑧ S.Kierkegaard, The Concept of Dread, pp.57～58。

⑧ M. Heidegger, Was ist Metaphysik？1949, p.14。

⑧ W.Stegmüller, op. cit., p.144。

⑧ Ibid., p.152。

⑨ M. Heidegger, Sein und Zeit, pp.141、31。

⑨ Arthur C. Cochrane, Existentialists and God, p.62。

⑨ M. Buber, op. cit., p.171。

⑨ 因為，哈特曼並不明白海氏之涉論「不安」，乃是就「存有」與人
的關係而著眼的;因而，會有這項的誤解。唯筆者認為，海氏之採取
這種觀點以涉論「不安」，應當可以使此一概念獲得「新」的意
義。

⑨ M. Heidegger, The Piety of Thinking(trans. & notes by J. G. Hart &
C. Maraldo; U.S.A.:Indiana University Press, 1976),p.192。

⑨ A.R. Caponigri, op. cit., p.271。

⑨ M. Heidegger, op. cit., p.145。

㊦ 項退結：前揭書，第一二一頁。

㊦ 海氏的這種觀點，幾乎和我國老子的見解十分類似；請參：《道德經》(Tao-Te-Ching)第二章。

㊦ J. M. Edie, op. cit., p.29。

⑩ 由於這項觀點，海氏便被人攻擊為一個「虛無主義者」；然而，針對這項批判，海氏在《論人文主義的一封信》中，便立即加以澄清，並明確的予以駁斥。請參John Wild, The Challenge of Existentialism(U.S.A. :Indiana University Press,1955), p.176。

⑩ M. Heidegger, What is Metaphysics？pp.331、354。

⑩ M. Heidegger, Über an den Humanismus, 1946, p.30。

⑩ M. Heidegger, What is Metaphysics？p.338。

⑩ 考夫曼編著：前揭書，第二七六頁。

⑩ A. C. Cochrane, op. cit., p.70。就此，我們當知：海氏涉論的「無」，自與沙特論述的「無」有所不同；儘管後者曾認為，他所述說的，海氏早已言及。畢竟，在海氏看來，「無」即是「存有」的面罩；而沙特，卻認為：人乃是受制於會吞滅「存有」的「空無」。

　　就此而言，沙特想必是倚藉心理學所涉論的「意識」之「空無」作用，來詮釋海氏的存有學上之「無」的意涵。總之，沙特的哲學，誠如典型的英、法語文傳統，僅呈示它的實際性(practicality)，而委實難以理解極具深邃的德國哲學傳統之海氏哲學的旨趣。

⑩ M. Heidegger, Existence and Being, p.346。另見項退結：前揭書：第一二一頁。

⑩ M. Heidegger, An Introduction to Metaphysics. p.85。

⑩ 項退結：前揭書，第一二二頁。

⑩ M. Heidegger, Was ist Metaphysik？pp.45～46；另見宋榮培；前揭書，第二五頁。

⑩ M. Heidegger, Sein und Zeit, p.273。

⑪ Ibid, p.186。

⑫ 柯瑞認為：海氏的「無」，似乎已把基督（宗）教中的「神」的地

位包括了進去。又，海氏雖沒有明指：「無就是神」，但是，由於他逡視「無」即是「存有」，又是眾存有者的基礎、判準、顯明與意義，這則類似聖經所提述的惡魔(Devil)。

　　至於卡爾·巴特(Karl Barth,1886～1968)，則認為：海氏並沒有完成對「無」的究極性之探討。因為,誠如海氏的自述，「無」是由不安而開顯出；不過，這個「無」，卻被祥和(peace)、靜謐所充溢與克服。再者，這個「無」，則像極了具有職司拯救暨光明的能力；至於眾人，卻都執握於、並開放於「無」之中。參：A. C. Conhrane,op. cit., p.70。

⑬ 羅生（S.Rosen，二十世紀）認為：海氏運用存有學的語言，乃一無所指，而且有若聖默然(the silent speech)；因而，不致會導向於虛無主義。不過，羅生又說，就語言本身與語言之指涉的角度衡之，海氏之把語言行為化約成存在的活動，這則沒有澄清：語言結構以及它所涉說的對象〔即：總體之物的可見性(visibility)，是憑藉語言結構而成立的〕，究竟是如何不同的問題。這就是說：海氏亦未在言語(speech)與事物(things)之間作出區分。參：S. Rosen, Nihilism, p.47。

⑭ 考夫曼編著：前揭書，第二七二頁。

⑮ 參閱W. T. Jones, op. cit., p.320。

⑯ M. Gelven, op. cit., p.121。

⑰ J. Collins, op. cit., p.203。

⑱ 項退結：前揭書，第九十五頁。

⑲ I. M. Bochénski, op. cit., p.166。

⑳ Ibid.

㉑ H. J. Blackham, Six Existentialist Thinkers, p.93。

㉒ M. Heidegger., Existence and Being, pp.183～184。海氏的這種論調的缺點，是；他並未回答人是從「何時」才開始這項交談，以及人是「如何」的從事交談這類的問題。參P. Thévenaz, What is Phenomenology？p.33。

㉓ M. Heidegger, Existence and Being, p.299。

㉔ S.Rosen, op. cit., p.10。

⑫ W. T.Jones, op. cit., pp.324～326。

⑫ Ibid.,pp.326～328。

⑫ M. Heidegger, op. cit., p.327。

⑫ M. Heidegger, On the Way to Language(trans. by P. D. Herty; New York: Harper & Row，1971), p.5。

⑫ F. Patka, op. cit., p.105。就此，海氏才認為：這種情況，則成為哲學之源。

⑬ M. Heidegger, Sein und Zeit, pp.177～178。

⑬ 對海氏的這種觀點，唐君毅則認為，它可像我國儒、道二家的見解；認定：「世俗化」，乃是墮落之本。因而，人始需要超拔，而追求成真、成聖。參唐君毅‧牟宗三‧李達生等編著：存在主義與人生問題，第六十一頁。

⑬ M. Heidegger, op. cit., p.180。

⑬ John Wild, op. cit., pp.102～103。

⑬ 項退結：前揭書，第九十八頁。

⑬ 就此而言，「此有」的「存有」，即是「無」；而「無」的存有，則為「存有」。參M. F. Sciacca, op. cit., p.202。

⑬ 參項退結編譯：西洋哲學辭典，第二八八頁。

⑬ M. Heidegger, Existence and Being, pp.330～340。就此可知，海氏的「自由」，即是指：「存有」之作原始的揭示（即：無），而人的「存有」，則是「自由」。所以，這個「自由」，便成為一切可知性的基礎，或其基礎的基礎（波亨斯基著‧郭博文譯：當代歐洲哲學，第一三〇～一三一頁）。

⑬ M. Heidegger, Sein und Zeit, p.192。

⑬ 參閱M. Heidegger, Sein und Zeit。

⑭ J. Collins, op. cit., p.201。作者則認為：海氏的這項觀點，即與雅斯培十分的接近。

⑭ M. Heidegger, Was ist Metaphysik？ p.15。另參項退結：與西洋哲學比較之下的孔孟形上學（台北，「哲學與文化」，第四卷，第九期），第五十七頁。

⑭ M. Gelven, op. cit., p.1234。筆者認為：海氏的這種看法，似可解消

在「自我」裡所提出的「基礎」的要求（參閱M. Heidegger, Existence and Being, p.76）。

⑭ 就此，笛卡兒學派(Cartesian)和維根斯坦(L. Wittgenstein，1889～1951)則強調公與私(public & private)、主體與客體(subject & object)的二元；至終，便導致了二極化的結果。參W. P. Alston & G. Nakhnikian, eds.,op. cit., p.686。另見鄺錦倫：黑格爾與存有論證（台大哲研所碩士論文，民國六十八年，六月），第二十六頁。

⑭ P. Thévenaz,op. cit., p.26。

⑭ C. O. Schrag, op. cit., p.175。就此而言，作者指出，海氏似乎是同意祁克果以及雅斯培所認定的，即對未來（海氏理解作：到向）抉擇的可能性，即是自我性的實體(substance of selfhood)。它又是涵指：人的恆定性(stability)，乃是奠基於存在自我的整體性上——即以「掛念」為「存有」的基礎（同書，第一九八頁）。

⑭ P. Thévenaz, op. cit., p.26。

⑭ M. Heidegger, Sein und Zeit, pp.197～200。海氏為了強化自己的論點，便以古代有關「掛念」的傳說，而作成他個人的觀點的依據。

⑭ M. Heidegger,Existence and Being, p.58。

⑭ M. Heidegger, Sein und Zeit, p.34。

⑮ M. King, op. cit., p.165。

⑮ M. Heidegger, Existence and Being, pp.54～55。

⑮ Ibid.,pp.56～57。

⑮ 就因為「死」可以解消個人的一切，「死」——這個「結束」——對於每個人才有「意義」可言。參M.Gelven, op. cit.,p.146。

⑮ M. Heidegger, Sein und Zeit, p.250。

⑮ Ibid., p.236。

⑮ S. Kierkegaard, Fear and Trembling & The Sickness unto Death (trans. by W. Lowrie; U.S.A.:Princeton, 1953),p.150。

⑮ 鄔昆如：存在主義論文集，第一四七～一四八頁。

⑮ 項退結：海德格眼中的死亡（台北，政大哲學學會出版，民國六十八年五月），第一八頁。

⑮ 同上。

⑯ M. Heidegger, Existence and Being, pp.54～55。

⑯ M. Heidegger, The Piety of Thinking, p.103。

⑯ M. Heidegger, Sein und Zeit, p.261。

⑯ 里爾克（R. M. Rilka，二十世紀）同意海氏的這種看法，因而表示：由於「死」是不可代替的，所以，它才強化了個人的「生」的意義。參閱W. Stegmüller, op. cit., p.140。

⑯ J. Wild, op. cit., p.82。

⑯ W. P. Alston & G. Nakhnikian, eds., op. cit., p.687。

⑯ M. Heidegger, op. cit., pp.263～264。

⑯ Ibid.,pp.250～251。

⑯ Ibid., p.251。

⑯ J. M. Spier, op. cit., p.29。

⑰ C. O. Schrag, op. cit., pp.101～103。

⑰ F. Patka, op. cit., pp.107～108。

⑰ M. Gelven, op. cit., p.150。

⑰ C. O. Schrag, op. cit., p.103。

⑰ M. Gelven, op. cit., p.155。

⑰ A. R. Caponigri, op. cit., p.271。

⑰ M. Gelven, op. cit., p.149。

⑰ Ibid., p.158。

⑰ 儘管海氏曾主張：藉思考的方法，便可以預期「死」；但是，這仍然被人批評為單單是「想像」的範疇之作用，而仍與實際「經驗」相差一大截。評者又說，既是「想像」中的死，自然不可怕；祇是，這種的不怕死，並不是「真正的」不怕死。參謝順道：我對存在主義之批判，第八十六頁。

⑰ J. M. Spier, op. cit., pp.34～36。

⑱ N. Smart, The Anatomy of Death, pp.10～11。

⑱ M. Heidegger, op. cit., pp.336～337。另參M. King, op. cit., p.50。

⑱ 項退結：現代存在思想研究，第一二四頁。

⑱ F. Sontag., The Existentialist Prolegomena(Chicago: University of Chicago，1969),pp.148～150。

⑱ M. Heidegger, op. cit., pp.328、350。

⑱ Ibid., p.350。

⑱ 項退結：海德格思想與皇帝的盛服（台北，「哲學與文化」，第三卷，第七期），第二十頁。

⑱ A. C. Cochrance, op. cit., p.61。

⑱ 項退結：前揭文，第二十頁。

⑱ M. Heidegger, op. cit., p.264。另參祁克果著・孟祥森譯：死病（The Sickness unto Death），台北，水牛，民國五十九年，第三頁。

⑲ W. Stegmüller, op. cit., p.154。

⑲ N. Berdyaev, The Destiny of Man, p.145。

⑲ Ibid., pp.146～147。

⑲ Ibid., p.174。

⑲ C. O. Schrag, op. cit., p.113。

⑲ M. Heidegger, op. cit., pp.336～349。

⑲ Ibid., pp.325～326。由而，所謂的「原始時間性」，便是從「結束」——即能中止其它所有可能性的「死」——，而走向自己所據有的存在的時間（另參M. King, op. cit., p.171）。

⑲ Michael E. Zimmerman，Heidegger's "Completion" of Sein und Zeit, in M. Farber, ed., Philosophy and Phenomenological Research, NO.4, Vol.xxxix(June,1979), p.557。

⑱ Ibid., p.558。

⑲ Ibid.

⑳ M. Heidegger, op. cit., p.338。另參J. Wild., op. cit., p.113。

㉑ J. Wild., op. cit., p.107。

㉒ 因而，海氏才說，世界之可能存在於時間中的「條件」，便是由於時間「向外動向之統一性」的三項性徵，各有一水平圖式(Horizontal Scheme)之故。為此，「時間」則呈示作一切認知的基礎，以及理解「存有」的階梯。參項退結：前揭書，第八十六頁。

㉓ J. Wild., op. cit., p.107。

㉔ H. Spiegelberg, The Phenomenological Movement, p.334。

⑳ M. Heidegger, Von Wesen der Wahrheit(Frankfurt am Main: Vittorio Klostermann, 1976), pp.13~14。

⑳ M. Heidegger, op. cit., p.230。

⑳ 沈信一：海德格思想研究，第二十九頁。

⑳ W. Stegmüller, op. cit., p.161。這便是表示：「存有」一旦抵達他的純真性，就立即袪除了日常性的「空無」。

⑳ M. Heidegger, An Introduction to Metaphysics, p.164。

⑳ W. T. Jones, op. cit., p.325；另參M. King, op. cit., p.172。

⑪ 雷登・貝克著：前揭書，第五十五頁。

⑫ H. J. Blackham, op. cit., p.100。

⑬ M. Heidegger, Sein und Zeit., pp.388~392；另參S. Rosen, op. cit., pp.151~152。羅生（S. Rosen，二十世紀）因此便說：所謂的思想與事物的合一，它們合一的本質(essence)──對海氏而論──，當是繫於「真實的歷史性」。

⑭ 羅生(S. Rosen)認為，海氏之視「存有」會向人的心境和語言自顯，這則稱得上是：人給予自己的「存有之恩物」。參Rosen, op. cit., p.133。

⑮ Ibid., p.122。

⑯ Ibid., p.124。

⑰ M. Heidegger, Der Satz vom Grund (Pfüllingen : G. Neske Verlag, 1975),pp.184~185。

⑱ 項退結：前揭書，第一一八頁。

⑲ 項退結手稿：對西洋哲學全面批判的海德格，第一八~一九頁。

⑳ M. Heidegger, Sein und Zeit, p.375。這即表示：「此有」的運動暨延伸，係與「（事）物」之手前性的運動有所不同。

㉑ M. Murray: Heidegger and Modern Philosophy (Yale University Press, 1978), p.338。

㉒ M. Heidegger, op. cit., pp.378~379。

㉓ 項退結：現代存在思想研究，第一一〇頁。

㉔ 同上，第一〇九頁。

㉕ 唐君毅・牟宗三・李達生等編著：存在主義與人生問題，第八十九

頁：見唐君毅：述海德格之存在哲學。

㉖ 海氏的這種觀點，係與沙特不同；沙特認為：「此時此地」(hic et nunc ; here and now)，才是一切的決定者（參鄭重信：前揭書，第卅二頁）。

㉗ M. Murray, op. cit., p.341。至於就「存在性」的角度而言，「此有」的「已是」，則是以「到向」（未來）為其基礎。因而，如果說：「此有」之諸可能性的生起，便是受「到向」的決定，這亦無不可。

㉘ M. Heidegger, Existence and Being, p.92。

㉙ 鄭重信：前揭書，第三十四頁。

㉚ 項退結：前揭書，第一〇九頁；另參M. Heidegger, Sein und Zeit, p.384。

㉛ M. Heidegger, Existence and Being, p.90。

㉜ M. Heidegger, Sein und Zeit., pp.384〜385。

㉝ 這是表示：「此有」（人）之擁有時運，在實質上，即是關切著作為個別的(individual)其他人的命運。而，在「此有」與「共同此有」（他人）作交往，並尊重其他人的抉擇（決斷）時，他所瞭解到的，無非就是：「此有」若擁有了能使他人理解、並實現他們自己的「自由」，在這同時，即表明「此有」自己，也理解了他自身的「存有之真」（另參梅加利·葛琳：前揭書，第九十六頁）。

㉞ M. Heidegger, op. cit., p.386。

㉟ 項退結：前揭書，第一〇六頁。

㊱ J. Wild, op. cit., p.140。

㊲ 項退結：前揭書，第一〇六頁。

㊳ C. O. Schrag, op. cit., p.141。

㊴ 參鄭重信：前揭書，第三十六頁。

㊵ N. Rotenstreich, "The Ontological Status of History" in American Philosophy ,Quarterly, 9, (January, 1972), pp.49〜59。

㊶ M. Murray, op. cit., pp.339〜340。

㊷ M. Heidegger, op. cit., pp.269〜272。換句話說，對海氏而言，「良心」的本義，即是指：「此有」的開放。

㉓ Ibid., p.295。

㉔ 就這種存有學之解釋，吾爾德（J. Wild，二十世紀）即說，海氏的這種分析，可破除了心理學、生理學與神學對「良心」的詮釋與分類，而成為對清教徒精神(Puritan ethos)和法庭理論(Courtroom theory)之倒轉(reversion)的詮釋。因為，後（兩）者，就海氏而言，是屬於心智的偽作(artifically intellectualistic)，並且也與基本自顯的事實不合(J. Wild, op. cit.,p.121)。

　　至於海氏與雅斯培的解釋，也並不相同；後者認為：一個不受世事牽制的人，能夠抉擇「存有」的絕對要求（即：聽從良心的呼聲），並且保持內心的正直，此即表示：他已受到「超越界」的助祐（項退結：前揭書，第一〇三頁）。

㉓ M. Heidegger, op. cit., 54～55節。

㉔ 項退結：前揭書，第一〇三頁。

㉗ M. Heidegger, op. cit., p.275。海氏認為，這將產生兩種的詮釋：(1)、以神作來源；(2)、以生物學來詮釋。祇是，這兩種派生的(derived)解釋，有所指謂，因而極易被解釋成是手前性的(vorhanden)存有者，而非存有學上的意義。

㉘ M. Heidegger, Existence and Being. pp.66～67。

㉙ J. Wild, op. cit., p.239。

㉚ Ibid., p.240。

㉛ M. Heidegger, Sein und Zeit, p.285。

㉜ M. Heidegger, Existence and Being. p.69。另參宋榮培：前揭書，第二〇～二十一頁。這裡的「無」，是指：一般的否定性質。

㉝ 項退結：對西洋哲學全面批判的海德格，第一八～二十頁。

㉞ 項退結：現代存在思想研究，第一二四頁；另見J. M. Spier, op. cit., p.33。

㉟ 項退結：與西洋哲學比較之下的孔孟形上學，第五十八頁。

㊱ C. O. Schrag, op. cit., p.174。

㊲ M. Heidegger, Existence and Being, pp. 68～72。

四、綜論海氏經由「存有（意義）」之設定，而後運用現象學暨詮釋學，對完成「此有」之存有意義的「死亡」現象作存在分析，是否透顯出：「存有價值觀」可在基本存有學的基礎上加以奠定？

　　我們在第一單元已陳述出，海氏是採用「破與立」交互運用的方法，一方面進行對傳統存有學的總批判，另一方面則進行他對「此有」之「意義」的建立。

　　就這種方法的本質，第二單元亦已指出，這實在是海氏參考狄爾泰之以「內在性觀點，作詮釋之基礎」的詮釋學，而在胡塞爾「本質哲學」之現象學存而不論的背景下，自己開創──即以「存在分析」為其內容──「詮釋學」。

　　由於海氏認定，這種詮釋學本身祇是「概念」的運用，而非哲學探討的「題材」；所以，海氏的現象學暨詮釋學、或基本存有學，在基始上，可以說，就是存在的暨存有學的方法學，而非傳統意義下的「形上學」①。

　　再者，海氏也認為：這種的「存在分析」，當是就「此有」的在世存有此一基本結構的存有全體性，在作分析與詮釋。這種的「方法」，即基於「存有學之區分」的原則而作分析的手法，在方法學上，自是優越於對生命現象逕作理論探究的知識論、或其它學科理論的設立。

　　詳述第二單元的主要論點之後，筆者接著指出：海氏為了理解「此有」的存在意義，便以他獨創的「存在分析」，對「此有」的存有特性進行「存在性」的詮析。又，為了純真地把握「此有」的純真存有可能性，以及存有全體可能性，海氏便對「此有」的存在現象之一——「死亡」——逕作存在的分析。至終，他所把握到的「此有」，原就是一個「到死之存有」。

　　然而，真正能夠作一個純真的「到死之存有」，在海氏看來，他應該是一個既能不陷溺於「人們」的漩渦中，而逕對自己的「死亡」作預期，並且又能奮勇聽命於自己的「此有」全體性（即：掛念）的呼聲（又稱：良心），而速作存在的決斷者。

　　又，由於決斷的開示，當藉時間（性）來托顯，海氏因而認為：「此有」自身的存在性時間，才是一切理解暨意義之可能成立的基礎。原因是，一旦把握了「存有即時間」的蘊義，便可以把握「存有意義」。

　　其實，對於海氏之將「時間性」與「存在」牽扯一起作討論，蓋爾文（M. Gelven，二十世紀）就曾說過，這實在是海氏巧妙手法之運用的結果。原來，海氏曾經指稱：所謂的「時間性」，它在存有學上即是「此有」的基礎。對於這樣的論調，它所可能產生的問題是：這個「基礎」的「意義」，究竟意指什麼？海氏又是如何努力以袪除其模糊的意涵，而還給它原有的意涵？

　　就此，蓋氏即指出，由於海氏是把「意義」理解成：「（此有）逕對可能性而作基始性的設計」②；因而，他便結合了「此有」的存在設計與時間性的意義。同時，也把有關「什麼是存在

基礎的意義？」此一問題，改換成：「什麼是『此有』在時間中存在(zu sein；to be)的意義？」就因為這樣，它凸顯出來的另一個問題——「什麼是時間性？」，便被海氏倚藉「此有」的到向(die Zukunft)該現象予以輕易的解答。所以，海氏才會認為：就存有學的角度而論，「此有」之在世存有的意義——「存有」——，便是「時間」。

　　為此，可以簡要的說，海氏當是以「存有」暨「時間」這一個角度，在詮釋我們之存有在世的存在暨存有的意義。又，就在他對「此有」逐作存在分析之後，海氏也明白表示：人之存有在世，乃是結合著兩種的時間性：一、是純真的，另一、則是不純真的。作為不純真的時間性之「此有」的存有特徵，是：一味等待(Erwarten；wait)未來，急於現在儘快的促現(Gegenwärtigen；make present)，並且遺忘了(Vergessen；forget)過去。

　　換句話說，他的不純真的時間性之統一的特徵，是：呈現出一種淡忘、又促現的等待(da Vergessend - gegenwärtigende Gewärtigen；the foregtfull and present - making waiting)③。而，作為純真的時間性之「此有」的存有特徵（暨時間性的統一的特徵），則是：呈現出一種「決斷地轉趨到向」(resolute turning to the future)，即轉趨「到向」的死。同時，又呈現出一種「轉向空無」（被拋的已是，便呈示成「無」），而在當下的「現在」，使存在的視見運動(existential movement of vision)，以凝聚的迸發力激生出④。

　　再者，繼闡釋出「此有」的純真與不純真時間性的性徵之後，海氏旋又提出「願意有良心」，以詮釋「理解良心的呼

聲」。這自應顯示：「決斷」的生發，是由於隱約之中有良心的呼引，而以遽下的「決心」為其生起之源。因而，一旦良心逕向「此有」作了開示，這時的「此有」，便呈顯出自身能向「存有」境域作全面的開放。這是一種心境的呈現，也是一種「負責任」的表現。

由於負責任的心境能與「掛念的心境」相通，這時，負責任的心境，也要因「此有」的被拋擲，而開顯成為「無」。所以，海氏始稱：「此有」的存在設計，就是建立在「無」此一基礎上，亦即由「不」所限定的存有的基礎上⑤。當然，它是「此有」之能夠自由的選擇自己，並以自己（從無中）作為設計存有的唯一的基礎。

針對海氏這種視「此有」之被拋而掛念、而負責任、而有罪、而聽良心之呼聲，並且以決心作（預期有死之）決斷的觀點，渥克（J. Wach，二十世紀）則指稱：就關切「死亡」這一問題而言，海氏似乎是如同叔本華、費爾巴哈(L. F. Feuerbach，1804─1874)和西姆爾(G. Simmel，1858─1918)⑥等人，而以「死亡」來表現他的哲學的主要特徵⑦。

至於一向對海氏有所批評的希格拉（C. O. Schrag，二十世妃），就此，不但毫無異議，反而強調：海氏的「見地」，在祁克果、貝提也夫和雅斯培諸人當中，是最具獨創性的思想家；因為，海氏是第一位企圖完成「死亡存有學」(ontology of death)的哲人。

然而，據筆者的淺見，有如希氏所說，海氏似乎有這個意向：祇是，他之詮釋「死亡」此一現象的真正旨趣，卻是有甚於

此。因為，他要世人捨得對「自然態度」(natural attitude)的執著⑧，亦即能夠從表象的思考態度，回返(step back)到沉思的思考——即存在的思考(existential thinking)⑨——，以克服對「存有」的遺忘，以及由此而導生的虛無主義（參見下文）。

㈠ 略述三位存在思想家的死亡觀，以 凸顯海氏的「死亡存有學」之特色

1. 祁克果 (S. Kierkegaard，1813－1855)

在第三單元，筆者曾提到：祁氏係以神學的角度，強調人應「有所為」，即極力要與「絕對者」生發關係，才可以成為「獨一者」(a Single One)。在此，則想指出，祁氏卻是以心理學的觀點，即「意識」中的死，在談論「死亡」。

其實，祁氏雖然同意「死亡」是主體性的決定物〔參「本論」之三・㈠・2〕，並且認為：死是絕望地生存(To die means to exist in despair)。但是，他這種對「死亡」的見解，卻不像是海氏所說的，人應該去面對的「死」。反而逕指：一種絕望地與神斷絕關係的存在(to exist in a disrelationship with God)⑩；即一種在絕望中而「與神疏離」的生命態度。儘管如此，祁氏依然為此而強調「選擇」的重要性，即人應當求取倫理的表現暨意義；從而，奠定了他的「存在倫理學」。

說實在，祁氏的這種觀點，筆者認為：它應該祇是新約時代的保羅（St. Paul，一世紀）、或約翰（St. John，一世紀）的生存觀之翻版。像保羅就說過：（人）對生命本身的絕望，是和接

受死亡的判決有關⑪；又説：罪就是（人）活在肉身之中的結果⑫，罪已殺死了他……⑬；至於約翰則説：死，是一種「罪」的生活，也是墮落者的宗教存在之模式⑭。

祇是，就祁氏之強調「存在的感受」，以及「存在的意識」而論，他之詮釋「死亡」，可説是啟發了海氏對生命的態度(attitude toward life)；亦即人應當先逕對自己的「死亡」預作存在的暨存有學的思考。從而，發展出了他那具有屬靈氣氛(spiritual atmosphere)的哲學思考⑮。

再説，儘管海氏極力強調人應逕對自己的「死亡」預作存在的思考，從而發展他的「死亡存有學」；但是，他的角度與著重點，依然是與祁氏有所不同。

因為，在他看來，強調主體意識的祁氏，他所發展出來的死亡觀，甚至存在倫理學，當祇不過是攸關「現實存有者」的説法。原因是，既然在基始上，他並未參透「此有」（人）的存有之真，因而，由之導出而奠定成的倫理（道德）觀，自然是失去它應有的純真定位，即「此有」的基礎。

2. 貝提也夫 (N. Berdyaev，1874～1948)

曾經對海氏有所批判的貝提也夫，則類似祁氏之深受神學的影響，也對「死亡」採取宗教的觀點。像他就説過，人類是因為拜受基督死於十字架上之賜，才得以坦然與神密契，並且在死後也能獲取永恆的生命⑯。

至於他的倫理觀，則是基於：他相信神創造人類，而人的自由，卻來自於空無；因而，便有「空無的自由」(meonic free-

dom)一詞之提出⑰。他又表示：能夠作為「空無的人」，他才有
「位格」的尊貴性，從而便可開展出「自由勝於存在、精神勝於
自然界、主體勝於客體、位格勝於宇宙、創造勝於進化、二元論
勝於一元論，以及愛勝於法律」⑱之個人自我實現(self-
realization)的行為。

再者，人一旦有了這樣的「行為」，他便能夠使具有「創造
性之內在力量」⑲的個人，從空無轉趨存有；這也就是説，從超
越自己、邁向未來所生發的一股力量，即可以體現出道德暨價值
的新境界⑳。

我們就此論評貝氏的倫理觀，則應可得知：它在本質上，乃
是含括了「死亡」，而且逕以「死亡」為其中心課題的「死亡倫
理學」㉑。因為，在他看來，凡是擁有「位格」尊嚴的人，他所
生發的創造性之行為，即自由選擇㉒，當是無畏於痛苦與死亡的
權勢㉓，而且能自行創現出道德暨價值的。

因此，「死亡」的意義，便被當成：祇是生命的一種展現，
或一種在永恆生命中，能夠由存在的短暫性而經驗到的意境㉔。

總之，貝氏雖然認為：我們經由存在的短暫性，便可以理解
到「死亡」；但是，真正被體驗到的，卻祇有在個人與自己生發
的純真世界中才有可能。就此而言，貝氏的語氣，則相當類似海
氏的論調。

然而，依據筆者的淺見，這簡直是祁氏之重視主體的個體化
(individuation)此一原則的闡揚。至於他所提出的具有「位格」
的「個人」觀點，雖然類似祁氏倡言的「有限與無限、時間與永
恆結合成的個人」㉕；不過，就人際關係而論，貝氏的「位格」

之特性，卻與海氏的「此有」之本質——即「共同存有」——這個性徵，比較接近⑳。

再者，由於貝氏頗重視神學的觀點，並且強調主體與意識⑰，這反而是海氏一樣要摒斥的。因此，不論海氏是否明確批判了貝氏，如果能就海氏所著重「存有學之區分」原則以衡之，則海氏所提出（基於「存有理解」）的死亡觀點，自當是優越於貝氏。而，如果海氏更有意於建立「死亡存有學」，則他的這項見解，自也是為了因應貝氏這種遺忘所謂「存有意義」的「死亡倫理學」而提出的。

3. 雅斯培 (K. Jaspers，1883～1969)

在哲學心態上，比較接近康德而遠離海氏的雅斯培㉘，他也在自著的《哲學》(Philosophie，1932)一書中，縱談「死亡」：像他就把「死亡」，同苦難(suffering)、衝突(struggle)和愆罪(guilt)，合稱作：人類的「界限情境」(Grenesituation；boundary situation)㉙。

由於認定，人在基始上即是「有問題（性）的（人）」，雅氏因此就指出：人非得在存在的不安中，以求問自己的問題不可。因而，這些「問題」，便形成我們存在之存有決定的結構㉚。就此，雅氏便認為，作為人的「界限情境」之一的「死亡」，是有必要作一結構的分析，以完成它系統化的建構(systematic construction)。

由而，雅氏建立的「死亡觀」是：人永無法規避死亡；人都生活在遺忘自己有死亡的情境中；死是我們存在的必然性。至於

作為存在(die Existenz ; existence)現象的死亡之隱遁，這就是存在的闡明(Existenzerhellung ; the explanation of existence)㉛。

綜攝的說，即指：死，是人一向所關切的；也是與人類的「世界定位」之多樣設計，永續的並列；從而，以呈顯它之作為「在情境中之存有」的組成結構㉜。因為，雅氏強調：人雖然站在界限情境中，他卻可以睹見「超越者」(the Transcendent)；亦即視受到隱藏的持續性──死亡，即我們生理上的「死滅」──，將成為我們清楚睹見「超越者」的最終密碼(last cipher)。

雅氏在此言下之意，當指：我們自身的非存有，乃可以呈示那擱在它上面的「超越者」。這也就是說，唯有我們通過、並且進入了「空無」㉝，我們的「存在」，才會呈顯為透明的「超越者」。

雖然雅氏一再的強調，我們設定了「超越者」，而且在它面前可以呈示存在的種種可能性；從而，以使「死亡」向我們顯示出「意義」㉞。可是，就此而論，「超越者」究竟是指涉著什麼？雅氏卻拒絕宗派(sectariam)的詮釋㉟。

畢竟，如果從形式的觀點來說，似乎可以勉強的將它理解作：「存有本身」(Being-Itself)。至於若把它當成具有「不朽」特性的神本身，這卻是雅氏想加以駁斥的。因為，在他看來，如果接受了「不朽」，人的有限性與歷史性就會受到摒斥㊱。因此，他才明說：唯有憑藉「勇信」(the courageous faith)，以追求這「存有本身」，我們才可能抗逐「存在」的不完全性(incompleteness)、有限性和短暫性，甚至，抗逐因為有「死

亡」而從生命本身所呈示出來的無意義暨空無。

　　針對這一問題，雅氏便採取類似祁氏和海氏的方法，即嚴分「知識」與「存在」，認為「客觀知識」和「存在」（自身）乃完全的不同⑰。由此，他反對「存有學」(Ontologie；ontology；一般稱為「本體論」)；認為：「存有學」雖然是依靠經驗的實在性和意識本質，在建構「存有本身」的概念；但是，這在根本上，卻無法把握「存有本身」。除非要傅靠客觀的知識，才有可能⑱。

　　再者，所謂的「存有學」，它在雅氏看來，也祇是具有象徵和暗號的意涵。至於雅氏何以會有這樣的論點，恐怕是由於他仍未脫離康德的認識論之觀點的影響⑲。

　　反過來説，一生熱衷於「存有」思考、並「存有」理解（即：存有學）的海氏，他的看法，確是與雅氏有所不同。因為，海氏並不重視客觀的知識，而且，也不太強調系統性之理論的建構。為此，如就海氏的「死亡存有學」而論，它的觀點，自是與雅氏之對「死亡」的見解迥然有異。

　　雅氏認為：人若在面臨死亡此一界限情境而能毫無恐懼，接而，也能作出道德的自由選擇，這應當是：由於人依附於那能夠使「自由」得予奠定的「超越界」之所致⑳。

　　就此，筆者才認為，假使海氏有意論評雅氏的觀點，他諒必會作如此的批判：

　㈠　雅氏的理論基礎，因建立在預設有超越和超越界這兩個
　　　概念上㉑，而這仍是脫離不了範疇性的思考暨理解的方
　　　式；

㈡ 雅氏對於「存有學」已有所誤解；他自認為，如果排除了經驗，反而倚藉客觀的知識便可能將之建立，而這當是脫離不了傳統的遺忘「存有」，而仍舊以手前性的思考方式在理解「存有學」的窠臼。因此，他對「死亡」的理解，自然也會受到了「隱蔽」。

以上，筆者之提述祁氏、貝氏和雅氏此三位有關「死亡」，以及由「死亡」見解所引生的倫理觀，用意是很想凸顯：海氏在「『存有』理解」此一角度下所建立的「死亡存有學」的優越性；這也就是指，試想證實先前所說的，即希拉格曾認為，海氏的「死亡存有學」，畢竟是比祁氏、貝氏和雅氏這三人，更具有「見地」和更具有「創意」。

歷經上述的論析之後，筆者認為——如果能衡酌海氏本人的看法，即我們應當對「死亡」這一存在現象，預作「存在性」的詮釋，如此才可能把握人的存有的「意義」；原因是，這項「詮釋（法）」，在方法學上（詮釋「此有」的一切），乃最具有優先性——，海氏的確是有他的「創見」的。

至於海氏之詮釋「死亡」此一現象的真正旨趣，它當不在於企想完成什麼「死亡存有學」，而是亟想提醒世人：應當回返存在的暨沉思的思考，以克服對「存有」的遺忘，以及征服浮濫的虛無主義。

針對海氏的這項「創見」、或「努力」，即：提醒我們應對「存有」遽作存在的思考，筆者則擬從傳統（西方的）哲學中的價值（包括倫理道德）觀，以論評海氏的這項「創見」，是否有可能成立一種「存有（價值）觀」？

進行的方式是：先建立傳統（西方的）價值觀為其背景，以探討海氏所強調的「存有」之全體性——即「掛念」——的價值性問題（即指：在存有學上，「掛念」這一題材所可能佔有的價值暨意義的問題）；然後才論證：從海氏的「死亡存有學」，即從它基於以「存在分析」為內涵的現象學暨存有學（詮釋學）此一角度而言，他對「死亡」的詮析而建立的存有理解，或作：「存有價值觀」（筆者所杜撰），理應可以視為：在理解「存有」的「意義」之前，所必須「具備」暨「預設」的一種「現象」、或一個「可能性」。

(二) 海氏的「存有價值觀」是否呼之欲出？

1. 由傳統價值觀論及海氏的「掛念」之意涵

在西方的學術傳統中，最早討論「價值」(der Wert; value)的實質問題者，當可溯及希臘的古哲：柏拉圖㊷。換句話說，從柏拉圖（以及亞里士多德）開創的價值觀以來，他（們）的思想，幾乎可以說已經順理成章地成為西方價值（倫理）理論的主流。

這個理論，係認為：「世界」，即是一個綜括人、存有者和第一因(first cause)的宇宙秩序（體）；而「人」，他則是在非理性動物和第一因之間的位序上，一個佔有極特殊位置的存有者。因此，人乃具有固定的「本質」，從而以實現他的本能，即：以符合宇宙結構的情況為他的「目的」。

人既然擁有「本質」，他在認識自己的歷史目的一事上，便

有「理性」能力的發出，而目標，就是想理解自身的客觀性質。他並且為自我設定若干能導致「幸福」(happiness)之行動的普遍「形式」；同時，也估計自身能夠達到此一自然目的的特殊「手段」。因此，能夠增進自我實現的「行動」的，就稱為「善」(good)；反之，便是「惡」(evil)。從而，便誘導出了能夠與理性行動相互配合的「自由」。

以上，這種以客觀主義(objectivism)為主導的價值論，因為深具自然主義的意味，所以，又可稱作：「自然律倫理學」(ethics of nature law)。至於所謂的「自我實現倫理學」(self-realization ethics)，便是由此而推衍出㊸。

〔批判〕：這種理論，由於假設了建構宇宙秩序的外在因，實非人類所可圓滿的解釋，因而，便難以解說：在人類歷史的進程中，後者，何以出現過若干不同的「世界」曾產生起衰的現象……。是以，便容易導致「單面的知識主義」(onesided intellectualism)── 即：視「存有」(Being) 為某某「對象」(objects)，而且，也視自我實現的「過程」，可以經由客觀的分析、類比而加以研究出㊹。

*   *

相對於以上這一派的理論，則是：主觀主義的(subjectivistic)價值論；主張此派的理論的，有：尼采㊺和沙特……等人。像沙特，便認為：人生來就沒有固定的「本質」，人類祇有在歷史的行為（行動）中，才構成他半自我性之個人的「自我」。換句話說，沙特主張：人並非存在於一個已固定建成的宇宙秩序中，而是存在於一個靠他個人自由的選擇所遴選暨設計的

「世界」裡。這就是表示：人的「存有」，並不是現成的，而是被塑造的。人若把自己塑造成什麼，他就作成了「什麼」㊻。除了「人」以外，並無世界、意義與價值。

其實，既然沙特一味的強調，祇有人可以透過自由以創現他的價值；但是，由於人有死亡，因而，人的意義（與價值），可以說便產生了問題。祇是，為了根本解決這個「問題」，沙特便把「死亡」（事件）當成是：人生一大「荒謬」的事㊼，人類主體性的外在限制（而非一種內在的可能性），以及人類所有可能性的消滅……。最後，甚至還把「死亡」，排除在人類主體性的「存在」意識之外㊽。

再者，由於沙特強調，人的自由是被判定的「自由」，因此，從運用「自由」所生成的選擇，便全無先前的理解可作導引（原因是，人並無固定的本質之故）。這個結果，自是要否定人性的普遍規範，以及在所謂的此一「選擇」與彼一「選擇」之間，產生一種並無法詳作比較的倫理相對主義㊾。

〔批判〕：這種的倫理，儘管否認普遍的規範，但是，它對於人類自身的養生目的，即從人類（具有求生本能）存在的普遍情況所影射出的客觀認知上的「普遍價值」(universal value)——一種從滿足人類自身之需要的共通性而呈現的普遍價值——，卻難以作合理的解說㊿。

又，由於它一味的強調：「人是被判定的自由」(51)此一價值，這卻很容易導致此項結果：主張「發現意義」與「履行責任」，也是一項「價值」之「單面的意志論」(onesided voluntarism)(52)。

‧四、綜論海氏經由「存有（意義）」之設定，而後運用現象學暨詮釋學，對完成「此有」之存有意義的「死亡」現象作存在分析，是否透顯出：「存有價值觀」可在基本存有學的基礎上加以奠定？

總之，以上談述的兩種價值觀，它們在基始上，可說都各有其缺失。如果從海氏的「存有學之區分」原則來查驗，顯然，它們自是各從「預設」之處顯露自己的弱點。前者，是倚藉想像與語言以執著自我的設計，從而，以迎合（理性所設定）宇宙中既成的道德秩序。而且認為：一旦人的行為，通過了「理性」之認知力與批判的規導而化現，它才是善行為；不然，便是惡行為。

但是，據海德格的觀點，由於人生來即陷溺在「人們」此一一般性暨公眾性的漩渦中，因此，所謂（客觀）「理性」諸判準的生起之源，自是遭受「人們」閒話的影響，而非出自個人的純真自我的主見。這時，個人的意志，可說已受到「他人導向」的影響而不自知；結果，便會導使個人純真自我的喪失。

至於後者，由於著重當下的「自由」，而排除人之具有「必死」的可能性；結果，它連帶地，也會否決人亦具有趨向「到向」（未來）之存在的可能性。

再說，因為「自由」本身，並沒有（到向的時間性之）托靠，也無任何支撐的根基（因為，是被「判定」的緣故）；所以，可容易導致「任意的自由」，而逕作任意的選擇。後果便是：因為易藉前後不一致的悖理行動（因為，在此一選擇與彼一選擇之間，並無法作合理、又公允的排比），隨意作成胡亂的設計；最後，便變成自欺，甚至也使得純真的自我選擇（存在的決斷），一味遭受蒙蔽而不自知。

總而言之，以上這兩種的理論，可以說，都是「不純真的」價值理論。

那麼，有人或者不免要問，「純真的」價值理論，是否意指

著：一種富涵「存有」理解（又稱：基本存有學、現象學暨存有學、存在分析，或詮釋學）的「死亡存有學」所可能產生的「觀點」㉝？如果是這樣，筆者就要說：這個「觀點」，它本身應該就是一種能夠理解「存有」的「意義」的「可能性」。又，這種「可能性」，也指涉著：「存有」自身，原來就是「意義」之得以生發的基礎（它便是「意義」本身）。同時，它也是「價值」之得以生起的基源（它也是「價值」本身）。

因此，為了要詮明這項論點，筆者認為，可以先從幾位思想家之對海氏（「掛念」此一現象）的析評著手起：

A. 希拉格（C. O. Schrag，二十世紀）

希氏認為，傳統形上學由於是以手前存有者的角度來理解人的「自我」，從而以建立個人的人格特質；這委實屬於一種貶損人格(depersonalization)、又貶抑人性(dehumanization)之不適切的(inadequate)存有學。原因是，在這種理解的「方式」下，所謂的「人」，便都成了「非人的實體」(non human substance)、或者像海德格所稱的「及手物」。

結果，自當給化歸成「東西」、或「事物」(object)；而這，也就是建立在傳統形上學之基礎上的價值（倫理）學所無法解決的棘手性「問題」。

至於海氏，因為是以超越傳統形上學為著眼，而且他提出的「此有」的「掛念暨結構」，因為沒有本質作支撐（主因是，掛念的本質，即呈顯為「無」），所以，便可以一舉解消人的本質之「物化」的問題。

四、綜論海氏經由「存有（意義）」之設定，而後運用現象學暨詮釋學，對完成「此有」之存有意義的「死亡」現象作存在分析，是否透顯出：「存有價值觀」可在基本存有學的基礎上加以奠定？

再者，由於「掛念」可以使「存有之真」作自我的開顯，因此，有、或沒有所謂預構人性(prefabricated nature)和內在目的論(inner teleology)的「倫理學」，便已不太重要。何況，後兩者，並非揭示、反而是隱藏了作為純真存在之獨特個人的「自由」[54]。

筆者細忖他的觀點，認為：海氏言論中的「此有」，當是一處「可能性」的「意動之場」(protentional field)。人之能夠在此一充斥「可能性」的場域遽作抉擇，這才是把握存有的純真性暨全體性的關鍵。當然，多種的看法，自是優超於任何現實存有的(ontisch ; ontic)價值理論。

又，希氏還說，海氏之提出純真性與不純真性，這乃是海氏深受祁氏區辨倫理「情愛的呈現」(erotic present)——即：在審美階段，從非抉擇地鍾愛他人的情境中所表現出——，以及倫理「決斷的刹那」——即：在倫理階段，由委身的男人之負（家庭）責任的情境中所表現出——之理論所影響，而予以存有學化(ontologize)所衍得出者。

由於海氏作出如此的區分，他也才強調：人宜對原始的不純真性作純真存在的變更；而，這種變更的存有學基礎，便是建立在時間性之「三個向外動向」的存在性徵上[55]。

總之，對於希氏之批判海氏，我們應當可以獲得以下的結論：希氏不但認為，海氏的存有學和「倫理學」有著密切的關聯，而且更加肯定，海氏的「死亡存有學」所透顯出的「價值」意味，在根本上，即可以構成祁克果和雅斯培的「死亡倫理學」的存有學之基礎[56]；筆者同意希氏這樣的觀點，並且打算在下一

段落中詳作討論。

B. 柯林斯（J. Collins，1917～1985）

和希氏觀點頗為類似的柯林斯，也從另一個角度在批判海氏的「價值」觀：海氏並未把煩瑣哲學的命題——如：神是祂自己的存在——，逕作俗世化的詮釋；因此，與其說他是犧牲倫理學而贊同存有學，不如說他更想提出一套「存有學化的倫理學」(ontologized ethics)。

對此，柯氏接著又說，這應該可以從海氏之把「存在」，限定在「人的存在」（即「此有」）這實際的限制上看出(57)。因為，海氏論述的「掛念」，並不是（心理學上）作為自我中心的憂慮(worry)此一概念，而是具有「關切地理解」這樣的本質；因而，它可以使某一個人成為一個「真正的」人(58)。

C. 科普勒斯頓（F. C. Copleston，1907～？）

至於科普勒斯頓，則是就海氏之使用純真與不純真（存在）這兩個字語而作立論。他說：海氏之如此的使用，便已具有價值判斷(valuational judgment)的意涵(59)。因為，即使海氏祇注重「此有（之）分析」(Daseinanalysis)，而不作價值的判斷、或是以道德意義來作詮解(moralizing)；但是，若從事實的角度而言，這類的「語彙」——即：純真、或不純真（沙特便加以引用）——，如果不秉具價值的意涵(connotation)，委實很難以取信於人。

說來，科氏的著意點，當是在於：認定「純真的」這個語

彙，儘管不作價值意味的使用，不過，一旦將它作出「有意義的
使用」(used meaningfully)，它就會產生這種效果：「存在方
式，係與某人已是的情態具有一項特殊的關係」(a mode of
existence which bears a special relation to what man already is)
⑥。因而，人在有意與無意之間，就將變成他已是的模樣（即：
故態復萌）⑥。

　　針對這項的說法，筆者認為，其中顯然含有矛盾的說辭。因
為，這種對「純真的（存有）」語彙的詮釋，恐怕適足以導致兩
項截然相反的立場：

　　㈠　是肯定「自由」，但也承認和神、或超越者，保有某種
　　　　關係的論點（有如：有馬塞爾式之有神存在主義的產
　　　　生）；

　　㈡　也是肯定「自由」，不過，卻不承認有神、絕對價值，
　　　　或普遍義務之道德律的論點（有如：產生了沙特式的無
　　　　神存在主義）⑥。

　　所以，對於這一觀點，我們不得不想問：難道這是詮釋海氏
的「純真存在」此一語彙理應產生的必然現象？

D.　呂爾德（J. Wild，二十世紀）

　　呂爾德是我們最後想談到的一位；他認為：海氏的隱性的價
值觀，大約可以稱作是：「存在價值觀」。原因是，他曾表示：
海氏的「掛念」，既然是開顯在世間中，這即在呈明：「此有」
一直是關切著他在世間變成自我的過程。

　　祇是，這種的「關切」，早已對傳統的字彙，有如：世界、

變成、自我價值或倫理……等，賦予了探討的新方向㊿。就像：海氏所論述的「世界」，它並不是指涉一個獨立的宇宙秩序（即：作為一個被調適的對象），也不是我們經由隨意的選擇、或設計（請比較先前所提沙特的看法），而完成的意義的場域；它反而是，在人類歷史的生發之意義下的「世界」（參閱「本論」之三）。

又，它也是一處人類在諸獨立的事物中（即：非「此有」性的其它存有者），以及同為已被拋擲的存有者（即：具「此有」性的「共同此有」）之間，為了「存在」與「意義」而奮鬥的界域㊿。換句話說，「世界」，即是一個生起自人的「關切」之主動的揭示、或開顯出的世界。

因此，呂氏便說：一旦人類向世界（按：一般意義下的客觀世界）作了開放，並且也向「有意義的世界」（即：在存有學意義下之「此有」的「存有境界」）開放，這便具有普遍重要性的「存在價值」㊿。又說：海氏之視「決心」，即是「此有」在「決斷」中之揭示自己的基礎㊿，這「決心」的本質，必是納涵了「主動的暨開顯的」(active-revealing)歷程。又，就因為有這「主動的暨開顯的」歷程，所謂的抽象價值，才有可能變成（具體）存在的規範，代而也可導出「有意義的行動」㊿。

再者，也因為「此有」（人）已被拋擲在世界中，這種「歷程」的生起，才始自於對「傳統的生活方式」(conventional pattern of life)——即指：不純真的一般性、或公眾性的生活——採取一種距離。至於一旦有了這個「距離」，它便保證完成意義的新類型。

·四、綜論海氏經由「存有（意義）」之設定，而後運用現象學暨詮釋學，對完成「此有」之存有意義的「死亡」現象作存在分析，是否透顯出：「存有價值觀」可在基本存有學的基礎上加以奠定？

在這裡，咼氏的論點，是：視這種「新意義」，並不是由純粹孤立的心靈所可能完成，而是先起自「行動產生」的過程。這也就是指，對「意義」的預先執握(prior grasp of meaning)，當是先起於固定的、封閉式的行為理論之體系（請參閱「本論」之三，於論述弗朗格的「意義先於存有」的理論）⑥。又說：對海氏而言，人之把握「規範的歷程」，便顯示為：「人在變成自己的一種開展」⑦。當然，這不是指實際行動的實現，而是指人可能存在的方式(possible ways of existing)，就在「到向」中而先於自己。

因而，咼氏接著指稱：海氏既然是以「到向」作為「決斷」的基礎，同時，又以「決斷」來斬斷時間之無限止的延長；所以，他必認為，這才能夠使作為決斷的存有（指：純真的存在——「此有」），可以把握自己存有的純真性暨全體（完整）性。

又，且因為「此有」可以把握自己的存有之真暨存有之全，他便可以在自我開示的「情境」（或：境域、場域、境界）中來去自如，並且，也在關切自己基本「存有」的可能性裡，藉履現化的模式(mode of temporalization)，以托顯出道德的特徵(moral character)。

就以上咼氏之對於海氏的詮釋，我們應可歸納出下述的結論：咼氏係認定，在海氏的「死亡」思想中，乃蘊涵有一種「存在倫理觀」。這種的倫理觀，當是從「死亡」此一最後的可能性之角度，來詮析人的整體生命；亦即認為：人由於是作為「存有」在世的「存在」，所以，他自身的生活方式暨有限性，便可

以呈現所謂的「死亡」思想，原本就和道德的完整(moral integrity)有其密不可分的關聯⑪。

　　就因為如此，當他面對傳統所遺留下的情境，並邂逅著自己——同時，也認知到要為自己的選擇行為負責——，以促使「新意義」得以履現之時，真正的「善」(goodness)，自此就會應運產生⑫。

　　據此，舀氏接而也表示（筆者在第三單元，即略已提出的看法）：海氏既然視「自由」為存在的規範之一，而不是天性的產物，那麼，從他的「決心」之下達而產生的純真行動，自然也就成為一種有限自由的表示。因為，海氏談的「決心」之下達所映生的心境，原本就糾集著一股不安、絕望（即：耽心自己會變為「非自我的不純真性」）之不可觀測的「感知」⑬。這種的感知，就此而言，當是一種能穿透「無」、「死亡之可能性」和「存在有限性」的有限自由的感知。

　　綜括以上所提，希氏、柯氏、科氏和舀氏等人的見解，幾乎都一致認定：海氏的「死亡存有學」，可具有某種意義的「倫理」暨「價值」意味。

　　衹是，筆者的淺見為（即：重申先前的「觀點」）：這些人氏委實各有他們自己的洞察，然而，筆者卻想作深一層次的「究明」，即假使海氏並不拒絕別人對他所作的評斷，他也必會作這樣的認定——即：這也衹不過是他環繞「存有」（意義）的探討，而可能開顯出的一個（在「存有」理解下的）存有「現象」、或「可能性」。

　　換句話說，筆者的基調是：作為理解「存有」這意義，而必

須「具備」有與「預設」思考「存有」的這種「思考」本身，理應就是「存有」自身的價值暨意義的開顯。而，有了這種「觀點」的確立（詳見下一段落），便可以更清晰、又明瞭地詮釋海氏，以及他在當代工業社會中所扮演的「高超」角色暨應得的評價。

2. 海氏的「存有價值觀」已呼之欲出

在《形上學導論》（Einführung in die Metaphysik？）第一章裡，海氏曾三番兩次的詰問說：「為什有『存有者』而不是『無』？」⑭。其實，這個問題，應該是一個基始性的問題(die Grundfrage；the fundamental question)。

由於海氏極力強調這種「基始性的問題」，所以，顯然可見，海氏個人的心態，當是著重本質（性）的思考，而根本不重視對某一理論體系的建構⑮。因為，在他看來，祗有從事「本質的思考」——即：存在暨存有學的思考——，這才算是真正關切到「存有」的真理⑯。

再說，由於海氏也重視對「存有之真」的本質性思考，他便提出「存有學之區分」的原則，以作為這種思考方法的基礎（參前）。基於這項「原則」，海氏即對「此有」的存有特性逐作分析；至終，便提出了所謂的「純真存有」與「不純真存有」這兩種存有模式⑰。

依筆者的淺見，這完全是由於海氏逕把「『此有』的本質，係繫於『存在』」(Das Wesen des Daseins liegt in seiner Existenz；The essence of Dasein relys on his existence)該語句中

的「存在」，理解成：即是（具有）「到向的」可能性的緣故。
因為「「存在」，是以「可能性」的方式自顯在此(da)；所以，
它之具有「純真性」與「不純真性」，自然也就是緣自於它原本
即是能呈示多方面之存有可能性的有意義的存有（參「本論」之
三）。

　　因此，筆者想說：可以理解「存有」，並且可以感知「存
有」的活動（參前），而前來把握「存有」的「意義」，這自是
在表示：我們可以把「存有」（暨意義），當成可以被關切、可
以被理解，以及可以被把握的（意義的）「存有」本身。

　　就因為這樣，思考「存有」的「思考」本身，就是能呈現
「存有」之值得被思考的意義本身暨價值本身。原因是，一旦把
握了「存有」，便立即顯示出：這個「把握」的本質之意義，即
是繫於「存有」本身，係以「存有暨歷程」的活動（參前），在
開顯它自己即是「意義」的基礎、「價值」的基礎，以及它本身
的基礎（注意：這裡，應該從它是與「此有」具有互屬、又相應
的關係來理解）。

　　總之，由於「此有」的一切活動，便是「存有」自身在時間
性之向外動向中的開示（參前），我們自是可以揣知：一切的意
義與價值……等，都是啟顯自「存有」本身的外現。因而，一旦
思考「意義」、或「價值」的蘊義時，便可將它改換成：經由探
究這個「存有」自身之外現的「現象」、或「可能性」（按：就
海氏的存有學而言，筆者認為，所謂的「意義」、或「價值」，
也當是「存有」的現象本身；但是，我們卻不可或忘，在海氏而
言，「現象」即是「存有」），我們便可把握到「存有」自身，

原本就具有價值的可能性、或意義的可能性。

是以，一旦論到「思考」存有的意義、或存有的價值，也就有了它原始的根基。至於若能認定「存有價值」，便是「此有」的存在暨存有現象中的一個現象、或可能性，也無不有它原始性的基礎。

然而，有人似乎不免會說：在海氏的著作中，凡是涉及價值理論、或道德體系的建立之跡象，可頗不「明確」⓲；為此，指陳海氏的死亡存有學（即：通往純真存有之途），或有可能透顯出「價值」的可能性；這難道是真正闡明了海氏之「欲言又止」的心意？不然，豈不是曲解了海氏之以「存在分析」（存有學）去分析「此有」，而後，又去分析「死亡」此一現象的基始意向？

針對這項的「詰難」，筆者誠想提出的辯解是：若想解決這一「基始性的」問題之癥結，則理應經由他本人「何以」(Warum ; Why)要批判，又「如何」(Wie ; How)去批判傳統形上學，之已遺忘「存有」這個角度作著眼；如此，始可能根本詮明他的心態之意向，是否必須排除暗涵隱性的「存有價值觀」此一「可能性」？

再就此一問題而論，筆者則企想以海氏本人自撰的《形上學導論》該書所提出的觀點，來印證先前一再強調的基調，即：海氏的「存有價值觀」，當是可以成立在基於「基本存有學」（即：存在分析），而奠定的「死亡存有學」這個基礎上。

在《形上學導論》第四章·第四節中，海氏曾就西洋傳統形上學所推衍出的價值（倫理）理論之「淵源」，而對它作出釜底

抽薪式的批判。像他就批判説：傳統價值（倫理）理論的「基礎」，根本上，是建立在「價值」(der Wert；value)這一概念的設定上⑲。而它（價值）的「意義」之成立，卻是相應於那以基於道德義務、而又超乎「存有」(Sein；Being)的「應然」(Sollen；Should)為其預設的基礎──柏拉圖稱之為：「最高之理念」(die höchste Idee；the highest idea)、或「善理念」(the idea of the Good)⑳。

針對柏氏這種詮釋「存有」意義的「理念（型）」説，海氏則大肆抨擊：由於柏氏既已嚴然劃分「本體」與「現象（界）」的不同，他根據這二分法觀點而建立的價值（倫理）理論，自然也是「預設」了「存有」和「存有者」彼此的分離㉑。首先是，綜合「應然」和「道德」，而後嚴分「應然」和「存有」，而且更把「應然」安置在「存有」的階層上。於是，「存有」既在「應然」的籠罩下，它便給劃歸成一個「理念」；然後，又給升格成道德的「原型」(das Vorbild；archetype)。

祇是，若從「價值」的觀點看來，這一個「原型」，便成為詮釋「存有者」之「存有」的形上規準。至於「應然」，在價值層次上，既是作為「價值」意義之得予成立的可能基礎，它便給上撐成最高的「善價值」㉒。特就此點，海氏隨即毫不留情地批判説：這純粹是「手前性」之思考活動暨表現的「產品」。

原來，就存有學而言，「本體」與「現象（界）」，以及「應然」與「存有」，是不可二分的。一旦有了二分，在根始上，便已破壞「存有者之存有」在基始上原就不可判分的性徵㉓。不祇如此，它也將導致遺忘「存有」，甚而，也視「存有」

即為思考之產物的結果⑭。

又，海氏繼批判柏氏的價值（倫理）觀之後，他也指出：西方整個的學思傳統，一旦走到尼采的「新」價值形上學，即主張權力意志(Der Wille zur Macht；will to power)的價值思想時，它便已呈現出「無路可走的極致」(Vollendung der Ausweglosigkeit；no way out)⑮。因為，尼采的觀點，在實質上，也無法超脫傳統二元價值觀的泥淖。

海氏批評道：尼采逕自設定一個理念的「超越世界」，以之作為個人追求「價值」的中心；這種的見解，其實，也就是一種柏拉圖主義、或一種人文主義式的⑯。

總括以上所說，海氏的心態，似乎是：認定傳統哲學自柏拉圖以降，一直到尼采之提出「新價值」理論為止，這一切也全都陷進「（不能）抵至哲學之真正核心」(die eigentliche Mitte der Philosophie；reach to the true center of philosophy)——即「存有」——的「混亂」裡⑰。為此，他的著意點，便不在於亟想建立任何的價值體系，而是要以真實的思考(the genuine thinking)，來替代任何理論體系的建構。

就因為這樣，我們便不必由傳統思想的角度，來論衡海氏之真實的、本質的思考，是否具有價值的判斷(value judgment)。因為，根據海氏逕對「此有」之分析的結果，他則認為：人生來就是已經陷溺在「人們」之漩渦中的「不純真存有」。因而，如果企想對「存有」之賜的公義、尊嚴與優越（性）下判斷，這就是屈服於法利賽主義(der Pharisäismus；pharisaism)⑱之自以為是的心態下。它的結果，自然也必導致身受時間所生發的「價

值」的限制。

再者，如果也把筆者曾提出的「存有價值觀」之基礎，奠定在（西方）傳統思考的模式下；那麼，這自也必會遭致海氏的責難。所以，要能真正理解海氏，筆者認為：我們勢必要超出西方傳統之表象的、手前性的思考方式，以回應「存有」。同時，還要了解到，人類一切的行動——包括我們或拒、或納的「決斷」——，也都是「存有」自身透過「此有」所生發的行為（這也應認定：人類自我的「創造價值」，即是一種虛無主義式的干擾）。而，這也就是把「存有境界」，無蔽地開顯成存有學上的「價值界域」的必然要件之一⑧。

至此，我們則可再一次的理解到：海氏之不願建立他的價值（倫理）體系的根本原因，就是在此。因為，他一心一意企想克服的，就是「虛無主義」——即指：遺忘「存有」，而祇思考「存有者」所導生的一種思想型態——，並且認為：一旦克服了「虛無主義」，「存有價值」才會自由地、又無蔽地自我呈顯，而根本不需要人類去為它設定、或恣意的創作。

總之，海氏是想經由理解「此有」的「死亡」可能性，以把握「此有」自身的存有純真性暨全體性。就因為這樣，他主張：人的存有在世，即是涵指：他是在時間的界域中，正作存有的生發（參「本論」之三）；又，他的生發之基礎，則可以說，是藉著有「死亡」之可能性所開示出的「無」為其基礎（又叫做：「無基礎」）。再者，這個「基礎」，也就是「掛念」本身，就是時間性本身，就是「無而存有」、「存有而無」本身。

人一旦能夠理解「無」，即是「存有的面罩」此一性徵（參

前）；那麼，揭示出了掩蔽「存有之真」的「無性」之後，便能即時呈現「存有之真」。這也就是指，人若真的能夠把象徵「無」這個「死亡」之可能性，納入「存在」的決斷中，而且，也把握住「到向」的時間性；那麼，所謂的「存有」（意義），就會呈現在「此有」的生發歷程上。就此，便可以說：「存有」的真義，即是倚藉「無」來把握。

以上，是筆者基於海氏之想破除「虛無主義」，而逐對他的論述試作根始性的探視所衍得的一點淺見。這項淺見，則指涉著：「存有」與「無」，乃穿織而成為海氏詮析的「世界」的組織。緣於這種觀點，我們應當可以知悉：所謂一般意義的「價值」之本質，其實，也便是以「無」作為它之可能成立的基礎。

所以，一般人一旦有了這項的洞察，他必不致於陷入海氏所嚴格批判的虛無主義之窠臼中。而且，也唯有如此，他才不會掩蔽海氏一向所說的「存有之真」，更不致去遺忘「存有」。

總括本單元的討論，筆者在先前所提出的「問題」，即：海氏的闡述，是否必須排除暗涵隱性的「存有價值觀」的「可能性」？至此，應可理出以下的淺見：

㈠　海氏的基本意向，並不想刻意建立什麼樣的價值（倫理）「體系」，就連他所提出的「存有學」，也僅止於祇是作為現象學暨存有學、或在方法學上的一個「概念」的運用。又，他之思考「此有」的「存有」，甚而，分析「此有」（的存有特性）的「死亡」，也是基於要使「此有」的「存有之真」，能透過「無」的揭除以呈示它自己。

換句話說，他之分析「此有」（亦即對「此有」逐作存在的

分析），乃是發乎本質的思考，期使「存有」在我們所作的真實思考中作自由的開顯⑨。而，從另一角度來說，也就是指，他是企想逕向「存有」默存感戴(thanking)之心的「此有」，能夠回應「存有」的恩與⑨，並且，也向「存有」發出獻與(sacrifice)之情。這樣，「此有」與「存有」一旦生發了（應──答）關係，這便有助於「存有之真」，能以在人的歷史中以覓得它的自顯之地⑨。

㈡　至於從「存有」能夠在人的歷史之生發中，逕作自由的（自我）開顯之角度，以涉論「價值」與「倫理」，筆者則想這樣說：即使價值、或倫理，在人類歷史的生發中有它（們）應有的「地位」，不過，所謂的「善」價值、或道德義務上的「應然」之基礎，卻是在於「存有」⑬；而並不是「應然」與「價值」，能高踞在「存有」之上，並且對它發號司令。

㈢　既然海氏一直的強調，要思考「存有」，筆者認為，有下述這種心態的建立，始是把握「存有」（意義）理應具有的預設：視「存有」本身，即是「價值的基礎暨價值本身」（存有價值觀）。又，這種逕視「存有」即是「『存有』價值」本身的觀點，它的「意義」之可能成立基礎，自是奠定在理解「存有」、或作「存有」理解（存有學）此一觀點上。

詳細的說，筆者提出的「存有價值觀」──當是先前所提希氏、柯氏、科氏和呂氏之綜合觀點的延伸，並且，應有過之而無不及──之可能成立的「基礎」，並不繫於「存有學」與「價值（倫理）學」這二元對立的基礎上。如果是這樣，恐怕必拗不過海氏會作這類基始性的詰難：「那麼，存有學是什麼？而，倫理

學又是什麼？」⑭。所以，即使會發生這樣的問題，筆者依然同意海氏所強調的，即「存有學」最為優先。尤其，更認可海氏的意向：對「此有」的存在之「死」（作為一種可能性）的思考的存有學，又為最最優先。

因為，誠如海氏所云：思考「死亡」，詮釋「死亡」，並且闡明「死亡」之對我們（存在）的「意義」，當是探討一切理論方法學上之「最優先的原則」（請參前面各單元）。

有鑑於此，始進行拙文的探討：先在第一單元，論述海氏之總批判存有學的主因（即：設定「存有」此一基本題材）；接著，在第二單元探討海氏之思考「存有」，並理解「存有」，以把握「存有」的方法——存在分析（或作：基本存有學、詮釋學，以及存有學區分之原則）。進而，又以這「方法」（或作：現象學暨存有學的概念之運用），對「此有」以及「此有」的存在之最終的可能性（死亡），遂作存在的分析（第三單元）；最後，便確立海氏的「死亡存有學」，以及由之所透顯出的「存有價值觀」。

它之奠定這種「存有價值觀」，在本義上，也祇是一種「觀點」，即從「存有」自身所開顯出之一個理解「存有」的「現象」、或「可能性」，而不是什麼「體系」、「理論」或「形上學」。詳細而言，它也可稱作是：純全地理解「存有」，而必須具備與預設的一種「心態」、或「心境」。

因此，與其評斷海氏有意建立存有學化的倫理學（參前），或批判海氏的價值觀，為一種（靜態意義下的）「道德中立」說⑮；不如將它評定為：理解「存有」（意義）的一種（動態意義

下的）潛能、或可能性還來得恰當。原因是，「存有」自始在人
類身上，原就開顯為「向前進行著的功能」㊱。而且，這個「可
能性」，也永續不斷地伴隨「存有」自身（藉「此有」）之開顯
自己、開展自己，而躍躍欲出。

・四、綜論海氏經由「存有（意義）」之設定，而後運用現象學暨詮釋學，對完成「此有」之存有意義
的「死亡」現象作存在分析，是否透顯出：「存有價值觀」可在基本存有學的基礎上加以奠定？

附　註：

① 就此，筆者要駁斥的是，劉芝朋（Wiliam A. Luijpen，二十世紀）
認為：海氏已巧妙結合了存在主義和現象學（即：存在的現象
學），而使它本身不祇是作為「方法」的運用，而且已發展出「人
（作為開放性openness）的哲學」（即：指向形上學）——這乃是一
項曲解。因為，海氏似乎不願被人視為他有建構某種「體系」的傾
向，而勿寧要執持他對「本質思考」此一方法學上的優先原則之專
注。參第二、四單元，另見W. A. Luijpen, Phenomenology and Hu-
manism (Pittsburgh, Pa.:Duquesne University, 1966), pp.43～44，
77～78。

② M. Gelven, A Comentary on Heidegger's Being and Time, p.183。

③ W. Stegmüller, Main Currents in Contemporary German, British and
American Philosophy, p.163。

④ Ibid.

⑤ M. Heidegger, Sein und Zeit；另參項退結：現代存在思想研究，頁
104。 "Grundsein für ein durch ein Nicht bestimmts Sein- d.h.
Grundsein einer Nichtigkeit."

⑥ 西氏是一個新康德學派者，曾主張：實用主義的真理觀、歷史的先
驗形式，以及描述的倫理學（參項退結編譯：西洋哲學辭典，頁
600～601）。

⑦ J. Wild, The Challenge of Existentialism, pp.108～111。

⑧ 即指：在十九世紀，西方哲學界曾風行一種信念；即一項顛撲不破
的預設：視知識祇不過是不可觸及、無理性(brute)的實體(reality)，
之在主體中被動的反照。雖然主體與實體並不相干，但是，透過主
體認知的印象(cognitive images)之媒介，主體與實體之間便可溝
通。參W. A. Luijpen, Phenomenology and Metaphysics(Pittsburgh,
Pa.: Duquesne University Press, 1965), p.56。

⑨ Ibid., pp.80～93。

⑩ C. O. Schrag, Existence and Freedom, p.109。

⑪ 聖經·新約，哥林多後書，第一章8～9節。

⑫ 聖經·新約，羅馬書七章5節。

⑬ 同上，第七章11節。

⑭ 聖經·新約，約翰福音五章24節。

⑮ 這是指：海氏對問題之看法的不同，如以「有限性」一詞為例，康德視它作：在人的心靈中，人的認知能力，即有它的限制；而，海氏卻認為：「此有」的有限性，是由不安、死亡、有罪之存有，以及陷溺（性）來表顯的。這個「有限之此有」，也是「在空無中持存的存有」。參W.Stegmüller, op. cit., p.172。

⑯ 項退結：前揭書，頁229。

⑰ 同上，頁224～229。

⑱ 同上，頁223～226。

⑲ N. Berdyaev, The Realm of Spirit and the Realm of Caesar(New York: Harper,1952), p.105。

⑳ Ibid., p.224。

㉑ N. Berdyaev, The Destiny of Man(trans.; London: Geoffrey Bles, 1957), p.335。

㉒ N. Berdyaev, The Meaning of the Creative Act(New York: Harper, 1954), pp.46～47,259～261。

㉓ 前揭書，頁223～224。

㉔ 同上，頁221～225。項退結就此則提出：貝氏的思想，可能是受到馬丁·布柏和馬塞爾這兩位哲學觀點的影響。

㉕ 同上，頁42。

㉖ 同上，頁224～225。

㉗ 項退結編譯：前揭書，頁666。

㉘ W. Stagmüller, op. cit., pp.173～174。

㉙ C. Jaspers, Philosophie, Vol.2.第三章，頁220。

㉚ J. M. Spier, Christianity and Existentialism, p.23。

㉛ Paul Arthur Schilpp, The Philosophy of Karl Jaspers(New York: Northwestern University, 1957), pp.195～201。

㉜ C. O. Schrag. op. cit., p.97。

㉝ J. Wild, op. cit., p.159；就此,呂爾德（J. Wild，二十世紀）即指出雅氏的難題：他的「超越者」，當與「空無」(Nothingness)作如何的區分？祇是，雅氏則自承：「超越者」即是向全人類開放的「真實可能性」。

㉞ P. A. Schilpp, op. cit., pp.505～509。

㉟ J. M. Spier, op. cit., pp.24～25；雖然如此，雅氏也不是無神論者，像根據他的「哲學信念」(Philosophical Faith)，則提到五項基本原則：有超越界存在；在任何時、地，道德命令敬重、而且維持人的自由；人非完美；人不須祇依靠自己，他可以通抵導引他的「超越者」那裡；世界是在神與存在之間的短暫的存在者(參J. Wild, op. cit., p.158)。

㊱ David E. Roberts, Existentialism and Religious Belief, p.248。

㊲ Ibid., p.247。

㊳ 這即表示：客觀知識具有普遍的有效性(universal validity)(參J. Wild, op. cit., p.175)；而這種的知識，祇有倚靠存在意識(existential consciousness)、或「存有意識」(consciousness of Being)，才可以被把握(參J. M. Spier, op. cit., p.118)。

㊴ 項退結：前揭書，頁76。

㊵ 同上，頁75。

㊶ 同上，頁70。

㊷ M. Heidegger, Introduction to Metaphysics, pp.188～199；另參項退結編譯：前揭書，頁180、440。

㊸ J. Wild, Authentic Existence: A New Approach to "Value-theory" in An Invitation to Phenomenology(ed. by J. M.Edie; Chicago: Quadrangle Books, 1965),p.60；另見保羅·田立克著：永恆的現在（陳俊輝譯，台北，大林出版社，1978，7月）。

㊹ Ibid., p.61。

㊺ 像尼采就相信：「地球的主人」(Herren der Erde ; the Lord of the earth)，應該為人類以及各民族決定價值：參項退結編譯：前揭書，頁444。

㊻ 鄭重信：存在哲學與其教育思想，頁84。

㊼ Luther J. Binkley, Conflict of Idea(New York: American Book Company, 1969), p.192。

㊽ C.O. Schrag, op. cit., pp.98、107。

㊾ 這表示：價值祇具相對有效性(validity)而無永恆不變的價值：如果這樣，價值與「存有」相分離，則易於導生「價值心理主義」(Value Psychologism)；參項退結編譯：前揭書，頁444。

㊿ J. Wild, Authentic Existence, p.63。

(51) 鄭重信：前揭書，頁81。

(52) J. Wild, op. cit., p.63；就沙氏的這種觀點，富克（Paul Foulquie，二十世紀）便指出：人類時常不作自己喜歡的事，但是，卻仍要對

自己所作的「負責」；這可以說是對沙氏的一大諷刺！參A. C. Cochrane, Existentialists and God, p.67。

㊿ 詳見本單元的第二段落。

㊿ C. O. Schrag, op. cit., p.199。

㊿ Ibid., p.140；另參第三單元。

㊿ Ibid., p.99。

㊿ J. Collins, The Existentialists, p.202。

㊿ Ibid。

㊿ F. Copleston S. J., Contemporary Philosophy, p.143。

⑥ Ibid., p.146。

㉑ Ibid., p.147。

㉒ Ibid., p.183。

㉓ J. Wild, op. cit., p.64。

㉔ Ibid.

㉕ Ibid., p.68。

㉖ Ibid., p.65。

㉗ M. Heidegger, Sein und Zeit, p.298。

㉘ J. Wild, op. cit., pp.68、262；�氏指稱：這種的歷程，就是知（理解Understanding）與行（Acting）的方式；如果有了真知——認知他人是「人」而不是「物」——之存在性時間的整體結構，便可以決行。

㉙ Ibid., pp.74～75。

㉚ Ibid., p.76。

㉛ Ibid., pp.239～260；針對海氏的這種觀點，卡西勒(E. Cassirer,

1874～1945)卻認為：純真生活之所以可能，應該是源於對 "生的感知"。

⑦ Ibid., pp.262、239；呂氏在研究海氏之後，便認為：海氏的這種存在倫理（規範），是優越於蘇格拉底的「消極警告之呼聲」的倫理觀，而且也應成為「未來哲學」(Philosophy of the Future)理應關切暨分析的事項。

⑦ Ibid., p.77。

⑦ M. Heidegger, Einführung in die Metaphysik, pp.1～2. "Warum ist berahaup Seiendes und nicht vielmehr Nichts ？"

⑦ H. J. Blackham, Six Existentialist Thinkers, p.108。

⑦ M. Heidegger, Existence and Being, pp.359～360。

⑦ 就此，田立克(P. Tillich, 1886～1965)卻認為：海氏也落入傳統思想和無意義的一般存在中；因此，他所談論的，幾乎沒有什麼規範(norms)與本質之人(the essential man)可言。這即表示，海氏的心態，依然是受到本質主義者(essntialist)的影響；參L. J. Binkley, op. cit., p.216。

⑦ 鄔昆如：海德格倫理思想，收入：存在主義論文集，頁150。

⑦ M. Heidegger, Einführung in die Metaphysik, p.151。

⑧ Ibid., p.150。

⑧ M. Heidegger, What is Philosophy？p.10。

⑧ M. Heidegger, Einführung in die Metaphysik, p.151; "Um das zu Werten hinaufgesteigerte Sollen noch eimnal zu stützen"。牟宗三卻這樣認定：因為，西方傳統的形上學，分不清「存有」與「存有者」的不同，致使便把「存有」從開顯而呈現作可觀察的「表

．四、綜論海氏經由「存有〔意義〕」之設定，而後運用現象學暨詮釋學，對完成「此有」之存有意義
的「死亡」現象作存在分析，是否透顯出：「存有價值觀」可在基本存有學的基礎上加以奠定？

相」，倒轉、又上提為「存有」。筆者認為，這項見解，可非常的
中肯〔參牟宗三：智的直覺與中國哲學（台灣商務，民國63年二
版），頁358〕。

㊸ M. Heidegger, What is Philosophy？p.11。

㊹ 這即表示：也把「存有」和「生成」、「存有」和「思考」加以二
分之意（參牟宗三：前揭書）。

㊺ M. Heidegger, Über den Humanismus, p.25；另參項退結手稿：對
西洋傳統全面批判的海德格，頁59。

㊻ S.Rosen, Nihilism, p.144。

㊼ M. Heidegger, Einführung in die Metaphysik, p.152。

㊽ M. Heidegger, Sein und Zeit, p.291；在海氏而言，如果視「良心」
是神能的發出，它就是指涉著這項主義。

㊾ S.Rosen, op. cit., pp.134～144。

㊿ M. Heidegger, Existence and Being, p.356。

㉛ Ibid., p.358。

㉜ Ibid., pp.359～360。

㉝ 參項退結編譯：前揭書，頁268。

㉞ M. Heidegger, Letter on Humanism (trans. by Edgar Lohner in W.
Barrett & Henry D. Aiken eds., Philosophy in the 20th Century；
New York: Random House, 1962), pp.271～272。

㉟ Leon Rostenstein, "Mysticism as Preontology" in M. Farber, ed.,
Philosophy and Phenomenological Research, No. 1,V.xxxix(1978),
63～70。

結　論

最後，筆者想以三個說法，來凸顯拙文：《海德格論存有與死亡》的一體精神：

第一個說法：就「存有」而論，筆者在第一單元中，曾論述海氏破除傳統的「存有學」，並且也指出，海氏建立的「基本存有學」的必要性。繼第一單元之後，在第二單元裡，則闡述海氏的這種「基本存有學」，實質上，原本就是現象學暨存有學，就是存在分析，就是詮釋學。第三單元則指出，海氏的詮釋學，基始上，也是「存有學之區分」此一（方法學上的）原則的運用。在第四單元，則是經由建立「死亡存有學」，以通往對「存有價值觀」的探討；

第二個說法：就「存在分析」而論，在第一、二單元，則詳細介紹海氏的「存在分析」。第三單元的前半部，則對「此有」的「存在」逕作分析；這也就是指，在對「此有」的基本結構——「在世存有」——的存在性作「存在（的）分析」。第三單元的後半部以及第四單元，則詳論對「此有」的「死亡」逕作存在分析，並且，由而建立「死亡存有學」，以作為討論「存有價值觀」的基礎；

第三個說法：就「存有價值」的角度而論，筆者在第一、二單元則指出，海氏的基本存有學（存在分析），即是傳統存有學的「預設」基礎。在第三單元則指明：海氏的「死亡存有學」，乃具有「存有學」上的基始性價值。第四單元指出，海氏的心

態，可能具有隱性的「存有價值觀」之意向。

又，這種在本義上，原就是一種現象、可能性、潛能、觀
點、心態或心境（而不是什麼體系、理論、學說或形上學）的
「存在價值觀」，實應建立在「此有」之思考，以及理解「存
有」（意義）的基礎上。如此，也才可以純全地把握「存有」的
意義。也因此，它便成為一般價值（倫理）理論，有如：存在倫
理觀、存在價值觀，或死亡倫理學……等的「預設」基礎。

綜攝以上三個說法，拙文所「開顯」的一體精神是：經由
「此有」（存在）之分析「存有」，它能夠把握到的「存有（意
義）」，原本就是秉具「存有（價值）」的「存有」自身。而在
基始上，「存有」雖然是一切「價值」暨「意義」之所以可能成
立的基礎，但是，依循海氏的思路，有如「存有」即可視為「時
間」；同樣，「存有」因而也可以視作是：「意義」暨「價值」
本身。

參考文獻舉要

西 文：

1.Alston, William P. & Nakhnikian, G., eds.: (*Readings in Twentieth-Century Philosophy,* U.S.A., The Free Press of Clencose, 1968.

2.Aristotle: *Metaphysics,* trans. by W. D. Ross ; Oxford ; Clarendon Press ,1924。

3.Augustine, St.:*City of God,* trans. by Gerald G. Walsh & edited by E. Gilson, New York, A Division of Doubleday & Company Inc., 1958.

4.Barral, M. R.:Merleau-Ponty: *The Role of the Body-Subject,* U.S.A., 1965。

5.Benton, Helen H.: *The New Encyclopedia Britannica.* U.S.A., Encyclopedia Britannica, Inc., 1978。

6.Berdyaev, N.: *The Destiny of Man,* New York & Evanston, Harper Torchbooks, 1960。

7.Berdyaev, N. : *The Meaning of the Creative Act,* New York, Harper, 1954。

8.Berdyaev, N.: *The Realm of Spirit and the Realm of Caesar,* New York, Harper, 1952。

9.Binkley, Luther J.:*Conflict of Idea,* New York, American

Book Company, 1969。

10.Bochénski, I. M.:*Contemporary European Philosophy,* trans. by D. Nicholi & Karl Aschenbrenner, U.S.A., University of California Press, 1957。

11.Buber, Martin: *Between Man and Man,* trans. by R. Gregor Smith, U.S.A., Beacon Press-Boston, 1955。

12.Cammus, Albert: *The Outsider,* trans. by S. Gilbert, Great Britain, Hamish Hamilton, 1946.

13.Caponigri, A. Robert:*Philosophy from the Age of Positivism to the Age of Analysis,* London,University of Notre Dame Press, 1971。

14.Collins, J.:*The Existentialists,* U.S.A., Seventh Gateway Printing, 1968。

15.Copleston S. J., Frederick: *Contemporary Philosophy,* Westiminster Maryland, The Newman Press, 1956。

16.Edie, James M., ed.: *An Immitation to Phenomenology,* Chicago, Quadrangle Books, 1965。

17.Edie, James M., ed.: *Phenomenology in America,* Chicago, Quadrangle Books, 1967。

18.Edie, James. M.:*New Essays in Phenomenology,* Chicago, Quadrangle Books, 1969。

19.Farber, Marvin: *Phenomenology and Existence,*New York, Harper Torchbooks, 1967。

20.Farber, Marvin: *The Aims of Phenomenology,* New York,

Harper Torchbooks, 1966。

21.Frankl, Viktor E.:*From Death-Camp to Existentialism,*New York, 1961。

22.Gelven, M: *A Comentary on Heideggar's Being and Time,* New York ; Evanston & London, Harper Torchbooks, 1970。

23.Hartman, Robert S.: *The Structure of Value,* London & Amsterdam ; Southern Illinois University Press, 1967。

24.Heidegger, M.: *Sein und Zeit,* Tübingen, Max Niemeyer Verlag, 1926 & 1963。

25.Heidegger, M.: *Being and Time,* trans. by John Macquarrie & E. Robinson, New York , Harper & Row, 1927& 1962。

26.Heidegger, M.: *Was ist das-die Philosophie ?* trans. by W. Kluback and Jean T. Wilde, New York , Noble Offset Printers, Inc., 1958。

27.Heidegger, M.: "The End of Philosophy and the Task of Thinking," in *On Time and Being,* New York , Harper & Row, 1972。

28.Heidegger, M.:*Einführung in die Metaphysik,* Tübingen, Max Niemeyer, 1956。

29.Heidegger, M.:*An Introduction to Metaphysics,* trans. by R. Manheim , New Haven , Yale University Press, 1959。

30.Heidegger, M.:*Über an den Humanismus,* Frankurt a.m., 1968。

31.Heidegger, M.:*The Piety of Thinking,* trans. & Notes by J. G.

Hart & C. Maraldo, U.S.A., Indiana University Press, 1976。

32.Heidegger, M.:*On the Way to Language,* trans. by P. D. Herty, New York, Harper & Row, 1971。

33.Heidegger, M.:*Von Wesen der Wahrheit,* Frankfurt a.m., 1967。

34.Heidegger, M.:*Der Satz vom Grund,* Pfullingen, G. Neske Verlag, 1957。

35.Heidegger, M.:*Letter on Humanism,* trans. by Edgar Lohner in W. Barrett & Henry D. Aiken eds., *Philosophy in the 20th Century,* New York, Random House, 1962。

36.Heidegger, M.: "What is Metaphysics？" in *Existence and Being,* W. Brock ed., Chicago, Regnery, 1949。

37.Heidegger, M.:*Was ist das - die Metaphysik？* Frankfurt, 1949。

38.Heidegger, M.:*Existence and Being,* with an introduction and analysis by W. Brock, Chicago, Henry Regnery, 1949。

39. Husserl E.: *Ideas,* trans. by W. R. Boyce Gilson, Taipei, Cave Book Stores, 1968。

40.Jaspers, C.:Philosophie, Vol. 2, Berlin, 1932。

41.Jones, W. T.:*The Twentienth Century to Wittgenstein and Sartre,* 2nd., New York, Harcourt Brace Jovanovich, 1975。

42.Kierkegaard, S.:The *Sickness unto Death,* trans. by W. Lowrie, U.S.A., Princeton University Press, 1941。

43.Kierkegaard, S.: *The Concept of Dread ,* U.S.A., Princeton

University Press, 1941。

44.Kierkegaard, S.: *Fear and Trembling,* trans. by W. Lowrie, New York,Doubleday Co., 1954。

45.King, Magda: *Heidegger's Philosophy,* U.S.A., 1964。

46.Koch, Adrienne: *Philosophy for a Time of Crisis,* New York, E. P. Dutton & Co., Inc., 1959。

47.Lamont, Corliss: *The Philosophy of Humanism,* New York, Frederick Ungar Philosophy Co., 1965。

48.Luijpen, W.A.:*Phenomenology and Humanism,* Pittsburgh , Pa., Duquensne University, 1966。

49.Luijpen, W.A.:*Phenomenology and Metaphysics,* Pittsburgh, Pa., Duquesne University Press, 1965。

50.Murray M.:*Heidegger and Modern Philosophy,* U.S.A., Yale University Press, 1978。

51.Marx, Werner: *Heidegger and the Tradition,* New York, Northwestern University Press, 1971。

52.Natanson, Maurice: *Phenomenology,* Role and Reason, U.S. A., Charles C. Thomas Publisher, 1974。

53.Niebuhr, Reinhold: *The Nature and Destiny of Man,* Vol. 1, New York, Charles Scribner's Sons, 1964。

54.Passmore, John: *A Hundred Years of Philosophy,* New York, Basic Books Inc., 1966。

55.Patka, F. ed.: *Existentialist Thinkers and Thought,* New York, The Citaldel Press, 1962。

56.Roberts, David E.:*Existentialism and Religious Belief,* New York, Oxford University Press, 1957。

57.Roche, Maurice: *Phenomenology, Language and the Social Sciences,* ed. by John Rex, U.S.A., International Library of Sociology, 1974。

58.Rosen, S.: *Nihilism,* U.S.A., Yale University Press, 1969。

59.Rostenstein, Leon: "Mysticism as Preontology" in M. Farber, ed., *Philosophy and Phenomenological Research,* NO.1, V. xxxix(9,1978)。

60.Rotenstreich, N.: "The Ontological Status of History" *in American Philosophy Quarterly,* 9,(1,1972)

61.Samuel, Otto: *A Critical Analysis of Nicolai Hartmann,* New York, Philosophical Library, 1953。

62.Sartre, Jean-Paul: *To Freedom Condemned,* A Guide to His Philosophy by Justus Streller, New York, The Wisdom Library, 1960。

63.Schacht, Richard: *Hegel and After,* U.S.A., University of Pittsburgh Press, 1975。

64.Scharfstein, Ben-Ami:*Death as A Source,*Boston, The Seventh International Conference on the Unity of the Sciences, 1978.

65.Schilpp, P.A. ed.,: *The Philosophy of Karl Jaspers,* New York, Tudor Publishing Company, 1957。

66.Schrag C. O.: *Existence and Freedom,* U.S.A., Northwestern

University Press, 1965。

67.Sciacca, M. F.:*Philosophical Trends in the Contemporary World*, U.S.A. , University of Nortre Dame Press, 1958。

68.Smart, Ninian: *The Anatomy of Death,* Boston, The Seventh International Conference on the Unity of the Sciences, 1978。

69.Sontag, F.:*The Existentialist Prolegomena,* Chicago, University of Chicago, 1969。

70.Spiegelberg, H.:*The Phenomenological Movement,* V. 1., The Hague, Martinus Nijhoff, 1965 & 1971。

71.Spier, J. M.: *Christianity and Existentialism,* trans. by D. Hugh, U.S.A., Freeman Cuilson College, 1953。

72.Stegmüller, W.:*Main Currents in Contemporary German, British and American Philosopby,* Dordrecht-Holland, D. Reidel Publishing Company, 1969。

73.Stern, A.:*Sartre-His Philosophy and Psychoanalysis,* New York, The Liberal Arts Press, 1953。

74.Thévenaz, Pierre: *What is Phenomenology ?* trans. by J. M. Edie, Charles Courtney and Paul Brockelman, Chicago, Quadrangle Books, 1962。

75.Troisfontaines S. J., Roger: *Existentialism and Christian Thougtht ,* London , Adam & Charles Black, 1949。

76.Wild, John: *The Challenge of Existentialism,* U.S.A.,Indiana University Press, 1955。

77.Wild, John: Authentic Existence: A New Approach to

"Vlaue-Theory" in *An Invitation to Phenomenology,* ed. by J. M. Edie, Chicage, Quadrangle Books, 1965。

78.Zanner, R. M.:*The Problem of Embodiment,* U.S.A., 1964。

79.Zimmerman , Michael E.:Heidegger's "Completion" of Sein und Zeit, in M. Farber, ed., *Philosophy and Phenomenological Research,* NO.4, Vol.xxxix(June,1979)。

中　文：

1. 史賓格勒：**西方的沒落**，陳曉林譯，台北，華新出版有限公司，民國六十四年。

2. 布魯格編著：**西洋哲學辭典**，項退結編譯，台北，國立編譯館暨先知出版社，民國六十五年。

3. 田立克·保羅：**新存有**，陳俊輝譯，台北，水牛出版社，民國六十六年。

4. 田立克·保羅：**永恒的現在**，陳俊輝譯，台北，大林出版社，民國六十七年。

5. 弗朗格：**從集中營說到存在主義**，譚振球譯，台北，光啟出版社，1968年。

6. 老子：**道德經**。

7. 牟宗三：**智的直覺與中國哲學**，台北，台灣商務印書館，民國六十三年，二版。

8. 考夫曼編：**存在主義哲學**，陳鼓應·孟祥森·劉崎譯，台北，台灣商務，民國六十年，二版。

9. 沈信一：**海德格思想研究**，台北，台大哲學研究所碩士論文，民國六十一年。

10. 沈清松：**現象學與解釋學之比較**，台北，「哲學與文化」月刊，第四卷，第九期，民國六十六年。

11. 貝克·雷登等著：**存在主義與心理分析**，葉玄譯，台北，巨流圖書公司，民國六十三年，三版。

12.宋榮培：**海德格的「存有」概念**，台北，台大哲學研究所碩士論文，1971年十一月。

13.吳東辰：**心理分析與祁克果之存在概念**，台北，台大哲學研究所碩士論文，民國五十九年。

14.波亨斯基：**當代歐洲哲學**，郭博文譯，台北，協志工業叢書，民國五十八年。

15.祁克果：**死病**，孟祥森譯，台北，水牛出版社，民國五十九年。

16.唐君毅‧牟宗三‧李達生等編著：**存在主義與人生問題**，香港，大學生活社，一九七一年。

17.海德格：**哲學是什麼？**岑溢成譯，台北，「哲學與文化」月刊，第十九期，一九七六年。

18.項退結手稿：**對西洋哲學作全面批判的海德格**，台北，民國六十八年。

19.項退結：**與西洋哲學比較之下的孔孟形上學**，台北，「哲學與文化」月刊，民國六十六年九月。

20.項退結：**現代存在思想研究**，台北，現代學苑，民國五十九年，初版及二版。

21.項退結：**海德格思想與皇帝之盛服**，台北，「哲學與文化」月刊，第三卷，第七期，一九七八年。

22.項退結：**海德格眼中的死亡**，台北，政大哲學學會，民國六十八年五月。

23.程石泉：**輓近東西哲學之交互影響**，台北，聯合報副刊，民國六十八年六月四日。

24. 聖經（新約）：**約翰福音，羅馬書，哥林多前書，腓立比書，帖撒羅尼迦前書。**

25. 鄔昆如：**西洋哲學史**，台北，正中書局暨國立編譯館，民國六十年。

26. 鄔昆如：**存在主義論文集**，台北，先知出版社，民國六十五年，二版。

27. 鄔昆如：**存在主義真象**，台北，幼獅文化，民國六十四年。

28. 鄔昆如：**存在主義透視**，台北，黎明文化，民國六十四年。

29. 葛琳·梅加利：**存在主義導論**，何欣譯，台北，仙人掌出版社，民國五十八年。

30. 鄭重信：**存在哲學與其教育思想**，台北，文景出版社，民國六十四年。

31. 蔡美麗：**海德格「存有」概念初探**，台北，台大哲學研究所碩士論文，民國五十八年。

32. 謝順道：**我對存在主義之批判**，台中，真耶穌教會台灣總會，一九七六年。

33. 鄺錦倫：**黑格爾與存有論證**，台北，台大哲學研究所碩士論文，民國六十八年。

國立中央圖書館出版品預行編目資料

海德格論存有與死亡／陳俊輝著.-- 初版，--
　　臺北市：臺灣學生，民83
　　面；　公分.
　-- （文化哲學叢刊.;10 ）
　　參考書目：面
　　ISBN 957-15-0660-5（精裝）.
　-- ISBN 957-15-0661-3（平裝）

　1.海德格 (Heidegger, Martin, 1889-1976)
　　-學術思想 - 哲學

147.71　　　　　　　　　　　　　　　83009334

海德格論存有與死亡（全一冊）

著　作　者：陳　　　俊　　　輝
出　版　者：臺　灣　學　生　書　局
發　行　人：丁　　　文　　　治
發　行　所：台　灣　學　生　書　局
　　　　　　臺北市和平東路一段一九八號
　　　　　　郵政劃撥帳號〇〇〇二四六六八號
　　　　　　電　話：三　六　三　四　一　五　六
　　　　　　FAX：三　六　三　六　三　三　四
本書局登
記證字號：行政院新聞局局版臺業字第一一〇〇號
印　刷　所：常　新　印　刷　有　限　公　司
　　　　　　地址：板橋市翠華路八巷一三號
　　　　　　電話：九　五　二　四　二　一　九

定價　精裝新臺幣二六〇元
　　　平裝新臺幣二〇〇元
中　華　民　國　八　十　三　年　十　月　初　版

16003　版權所有・翻印必究
ISBN　957-15-0660-5（精裝）
ISBN　957-15-0661-3（平裝）

臺灣 學生書局 出版

文化哲學叢刊